LES MAINS
MIROIR DE LA PERSONNALITÉ

Jean de Bony

LES MAINS
MIROIR DE
LA PERSONNALITÉ

PRIMEUR
SAND

Maquette de la couverture: France Lafond

Photocomposition et mise en pages: Helvetigraf Inc.

Dépôt légal:
1er trimestre 1990

ISBN 2-89357-024-0

TABLE DES MATIÈRES

PRÉFACE

Une collection d'empreintes de mains célèbres... Pour quoi faire?

Ayant pris connaissance du projet étonnant de Jean de Bony de fonder un Musée de la Main, je suis demeuré tout d'abord un peu sceptique. Mais après avoir fait sa connaissance, après avoir fait analyser mes mains par cet excellent chirologue, et après avoir lu son remarquable ouvrage paru chez Robert Laffont, *Voyage au creux de la main*, je me suis laissé tout à fait convaincre de l'importance d'un tel musée.

Je crois, en effet, que si nous pouvions conserver des empreintes et des moulages des mains d'importantes personnalités qui font notre histoire présente et à venir, nous pourrions, grâce à cette science exceptionnelle qu'est la chirologie, jeter un regard absolument nouveau sur les événements. Nous pourrions bien mieux connaître ceux qui nous auront marqués, ceux qui auront orienté notre société.

J'imagine facilement l'intérêt qu'y porteraient les historiens, les sociologues, les psychologues, les ethnologues et sans doute bien d'autres spécialistes pour comprendre notre monde. Cela dit sans compter l'extraordinaire fascination que nous pourrions tous avoir à contempler les mains de gens qui ont été célèbres. Sans être chirologues, nous pressentirions sans doute que ces moulages recèleraient des choses vraies qui nous échapperaient.

J'encouragerais donc quiconque à prendre au sérieux ce projet admirable de Jean de Bony dont le talent et la science lui permettent d'apporter une aide considérable aux parents dans l'éducation de leurs enfants, aux étudiants dans le choix d'une carrière, aux entreprises dans l'évaluation du potentiel d'un candidat à réaffecter... et à tout un chacun dans la compréhension de soi et d'autrui. Faire un bilan de personnalité s'avère, à mon avis, l'une des meilleures manières de prendre sa vie en main.

Raymond Beaugrand-Champagne,
Société Radio-Canada,
producteur-réalisateur,
émission *Rencontres*.

AVANT-PROPOS

Cet ouvrage a pour but de montrer, tout simplement, que l'analyse des caractéristiques de nos mains peut révéler nos aptitudes innées et notre idéal de réalisation.

La publication d'empreintes de mains célèbres offre ainsi l'occasion d'observer la correspondance existant entre les différentes formes de réussite et les capacités permettant d'en assumer les exigences.

Publier les empreintes de gens connus et appréciés du grand public permet aussi au lecteur de comparer ses propres mains avec celles de célébrités auxquelles il s'identifie peut-être. Il s'apercevra, par la même occasion, qu'aucun signe particulier (ligne, étoile, croix, carré, etc.) ne peut révéler la célébrité.

La main d'une célébrité n'est pas différente de celle du commun des mortels.

PREMIÈRE PARTIE

Différences essentielles entre chirologie et chiromancie

Il faut le dire haut et clair: la chiromancie ne s'apprend ni dans les livres ni dans les cours. Sa pratique, en cabinet ou dans les foires, ne requiert que le seul don de voyance (mancie = divination) auquel s'ajoute un peu de psychologie pour faire parler les gens sur les habituelles raisons de leur visite: amour, argent, santé!

La main, en chiromancie, est un support de voyance — comme peuvent l'être la boule de cristal ou le marc de café — et les lignes de la main offrent par leur présence la possibilité de justifier visuellement dans la paume les prédictions: par exemple, une rupture de ligne associée à un événement...

La chirologie se différencie de la chiromancie sous trois aspects essentiels:

— la méthode

— le résultat

— la philosophie.

La méthode est simple et s'apprend facilement. Les lignes, dont l'interprétation s'avère radicalement différente de celle de la chiromancie, ne peuvent être analysées que par rapport aux autres caractéristiques de la main (chaleur, moiteur, forme, empreintes digitales, etc.), révélatrices du tempérament. Le nombre de lignes constitue lui-même une de ces caractéristiques.

Le résultat est un diagnostic de nos capacités, limites et richesses. Il ne peut s'agir en aucun cas de révélation sur le passé, le présent ou le futur.

La philosophie avec laquelle se pratique la chirologie est incompatible avec toute espèce de fatalisme. Il est plus sage de chercher à connaître nos moyens de construire l'avenir que de chercher vainement à savoir ce qu'il sera. «À chaque jour suffit sa peine»...

L'avenir nous appartient tant qu'il nous est inconnu!

Les limites de la chirologie

Expliquer les limites de la chirologie requiert la compréhension des limites de l'homme, c'est-à-dire de sa nature.

Les limites de l'homme

Si l'on juge l'homme à ses actes, on peut comprendre sa nature par l'analyse des causes de ceux-ci. Les actions de l'homme peuvent être classées en trois catégories:

— les comportements instinctifs

— les réflexes conditionnés

— les actes effectués en toute conscience et liberté.

Les comportements instinctifs proviennent du tempérament. Celui-ci, inné et héréditaire, fait partie de notre nature et reste immuable de la conception à la mort. Le proverbe «Tel père, tel fils» illustre bien la transmission génétique du tempérament, qui explique la permanence des comportements et aptitudes des individus des générations successives d'une même famille. Semblable à un instrument de musique dont la possibilité de charmer par des sonorités mélodieuses est subordonnée aux qualités personnelles et à la formation de l'instrumentiste, le tempérament n'est qu'un instrument dont le caractère se sert, en bien ou en mal.

Évolutif, le caractère s'acquiert. Façonné par l'éducation, l'environnement et les habitudes, il génère les réflexes conditionnés.

Toutefois, certaines de nos actions ne sont ni instinctives ni conditionnées par nos habitudes. Ce sont les actes gratuits, tel l'altruisme ou la cruauté, que seule motive la liberté. Cette liberté relève de ce qui fait la spécificité, la grandeur et la bassesse de l'homme: *l'âme*. C'est l'âme qui donne à la race humaine, groupe de mammifères bipèdes que l'on appelle «les humains», son statut privilégié; l'homme n'est pas seulement un humain, c'est un *être humain*.

C'est cette dimension supérieure, l'âme, substance individuelle et immortelle, qui nous donne conscience d'être, d'agir, de penser... et de devoir mourir un jour.

C'est aussi l'âme qui, sans nous empêcher de vivre pleinement le présent, nous permet d'avoir conscience du passé et du futur, et ainsi d'ouvrir nos horizons.

C'est l'âme, enfin, qui fait des choix politiques, philosophiques et spirituels. Et ces libres choix montrent que, par son immatérialité, l'âme ne subit pas l'influence héréditaire du déterminisme tempéramental. Loin de contredire «Tel père, tel fils», le proverbe «À père avare, fils prodigue» illustre le pouvoir et la liberté de conscience de l'âme. C'est ce qui permet aux jumeaux homozygotes, qui ont la même hérédité, de se différencier par l'identité de leur âme.

«Borné dans sa nature, infini dans ses vœux, l'Homme...» C'est ainsi qu'Alphonse de Lamartine résume la dualité de l'homme et le tiraillement qui en résulte. D'un côté les idéaux de l'âme, de l'autre les limites du tempérament. La compréhension de nos limites est, à mon avis, l'une des premières marches de l'escalier qui mène à l'épanouissement.

Immatérielle, donc non héréditaire, l'âme est cependant, à l'instar du tempérament, innée. C'est-à-dire qu'elle existe dès la conception, sans toutefois que son existence en dépende.

Les limites du déterminisme

Si, d'une part, l'apparence physique (couleur des cheveux, des yeux, forme du visage, des mains, etc.) est programmée génétiquement, et si, d'autre part, le tempérament l'est aussi, alors le déterminisme physique et le déterminisme psychologique sont intimement liés par une source commune. Des études statistiques rigoureuses permettent d'affirmer que le déterminisme physique, aux effets apparents et facilement identifiables, reflète et révèle le déterminisme psychologique, pourtant non visible: le tempérament.

DEUXIÈME PARTIE

«Marques de fabrique» des tempéraments

Les critères de perception du tempérament d'après la main sont de deux ordres: tactiles et visibles. Les premiers sont facilement perceptibles dans un acte de la vie quotidienne: la poignée de main. En effet, serrer une main permet une réaction immédiate, favorable ou non, en fonction de la chaleur, de la moiteur, de la souplesse... de la main ainsi serrée. Nous allons donc classer ces premiers critères, tactiles, selon les tempéraments.

Critères tactiles de reconnaissance des tempéraments

Chaleur-moiteur	*Tempérament*
Mains chaudes:	Bilieux et sanguin
Mains froides:	Nerveux et lymphatique
Mains sèches	Bilieux et nerveux
Mains humides:	Sanguin et lymphatique

Forme-consistance	
Mains fermes:	Bilieux
Mains osseuses:	Nerveux
Mains potelées et souples:	Sanguin
Mains molles:	Lymphatique

Peau	
Peau rugueuse:	Bilieux
Peau fine et douce:	Nerveux
Peau épaisse et souple	Sanguin
Peau lisse et molle:	Lymphatique

Ces critères tactiles doivent être conjugués avec les critères visibles pour permettre une rigueur dans le diagnostic du tempérament.

Critères visibles de reconnaissance des tempéraments

Ces critères requièrent plus d'attention et de méticulosité dans l'analyse de la main, que l'on doit voir de près à cet effet.

Peau (couleur de la paume):	*Tempérament*
Mate ou foncée	Bilieux

Rouge-rosée	Sanguin
Jaune pâle	Nerveux
Pâle ou blanche	Lymphatique

Lignes

Nombreuses et profondes	Bilieux
Nombreuses et fines	Nerveux
Peu nombreuses et profondes	Sanguin
Peu nombreuses et fines	Lymphatique

Ongles [1]

Rectangulaires
(plus longs que larges) — Bilieux

Rectangulaires
(longs et très étroits) — Nerveux

Larges et évasés
(courts) — Sanguin

Petits
(étroits et très courts) — Lymphatique

Forme générale de la main

Large et carrée	Bilieux
Étroite et longue	Nerveux
Large et «ronde»	Sanguin
Petite et «ronde»	Lymphatique

---

1. Pour la forme des ongles, n'est à considérer que la partie qui touche la peau.

Empreintes digitales[2]

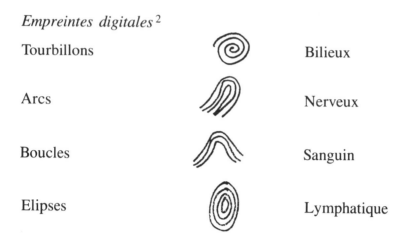

Tourbillons		Bilieux
Arcs		Nerveux
Boucles		Sanguin
Elipses		Lymphatique

À observer ses mains ou celles des autres, le lecteur s'apercevra rapidement que les critères de plusieurs tempéraments peuvent «cohabiter» dans la main: c'est alors le nombre le plus important de critères d'un tempérament qui donne le tempérament dominant. Les autres critères, en nombre minoritaire, indiquent les composantes secondaires du tempérament. En effet, il est rare qu'une personne ait un seul tempérament; dans la majorité des cas, les personnalités se composent de deux, trois, voire quatre tempéraments.

Interprétation des lignes

Même si l'astronomie et l'astrologie portent un intérêt commun aux astres, ces deux disciplines les considèrent sous des optiques fort différentes. Il en va de même pour la chirologie et la chiromancie, qui s'intéressent toutes deux aux lignes de la main... mais les interprètent très différemment.

---

2. Le lecteur pourra trouver plusieurs types d'empreintes dans une seule main. L'importance du nombre de chacun est cependant déterminante.

Il est important, tout d'abord, de rappeler que le nombre et la finesse des lignes dépendent du tempérament. Ainsi:

La main	*Les tempéraments*
Lignes nombreuses	Bilieux et nerveux
Lignes peu nombreuses	Sanguin et lymphatique
Lignes fines	Nerveux et lymphatique
Lignes profondes	Bilieux et sanguin

BILIEUX Lignes nombreuses et profondes	**SANGUIN** Lignes profondes et peu nombreuses
NERVEUX Lignes nombreuses et fines	**LYMPHATIQUE** Lignes fines et peu nombreuses

Figure 1

Mais, quel que soit le tempérament, une constante demeure: trois lignes principales sont présentes généralement dans toutes les paumes et méritent l'attention de l'observateur pour l'interprétation chirologique.

19

TROIS LIGNES

Ce sont la *ligne vitale*, la *ligne mentale* et la *ligne émotionnelle*. Le nombre et l'appellation de ces lignes suggèrent un rapprochement avec les trois besoins essentiels d'un individu: *vivre, connaître, aimer*. (Voir figure 2.)

Vivre — La ligne vitale

Notre capacité de vivre et d'entreprendre est directement liée à notre énergie vitale. La disponibilité de cette énergie dépend en grande partie de notre tempérament. (Ce point est longuement explicité plus loin.) Qu'elle soit en nous (vitalité) ou générée par l'action (dynamisme), l'énergie peut être dépensée d'un coup pour un résultat immédiat, ou avec ménagement pour une action à longue échéance. C'est la ligne *vitale* qui nous renseigne à ce sujet (voir figure 3):

● *Ligne vitale courte*: par impatience ou par peur de la routine, toute l'énergie est impliquée fortement dans l'action pour l'obtention rapide d'un résultat.

● *Ligne vitale longue*: capacité d'entreprendre pour une échéance à long terme et de ménager l'énergie vitale à cet effet.

À la lumière de ces deux interprétations, il apparaît normal de trouver une *ligne vitale* courte dans la paume d'un Sanguin, et une *ligne vitale* longue dans la paume d'un Nerveux ou d'un Bilieux. La répartition est mitigée en ce qui concerne le Lymphatique.

Il n'y a aucun rapport entre la longueur de la ligne vitale (appelée «ligne de vie» en chiromancie) et la longueur de la vie. Il est concrètement impossible de prédire ainsi la date de tout événement, quel qu'il soit, et il serait philosophiquement contestable de le faire.

VOYAGER

Vivre, c'est bouger. Mais le besoin de bouger dépend de notre nature, et il faut par ailleurs tenir compte de la force casanière qui retient notre élan (voir figure 4):

LES LIGNES PRINCIPALES

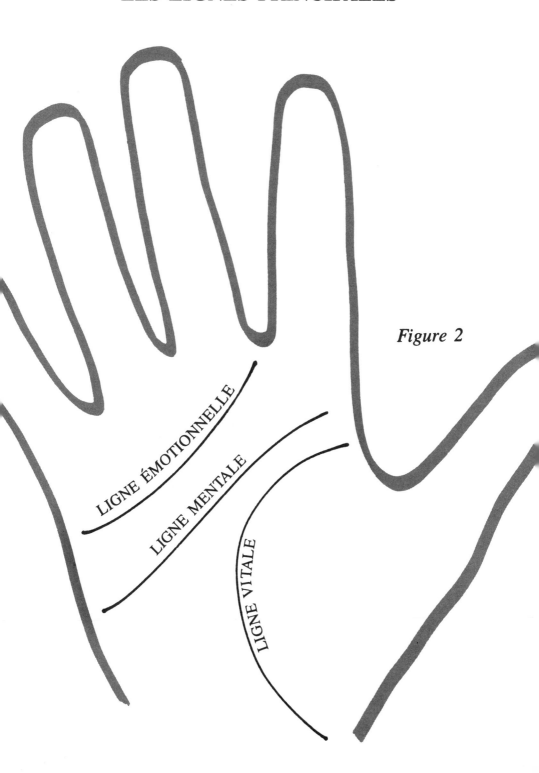

Figure 2

LIGNE ÉMOTIONNELLE

LIGNE MENTALE

LIGNE VITALE

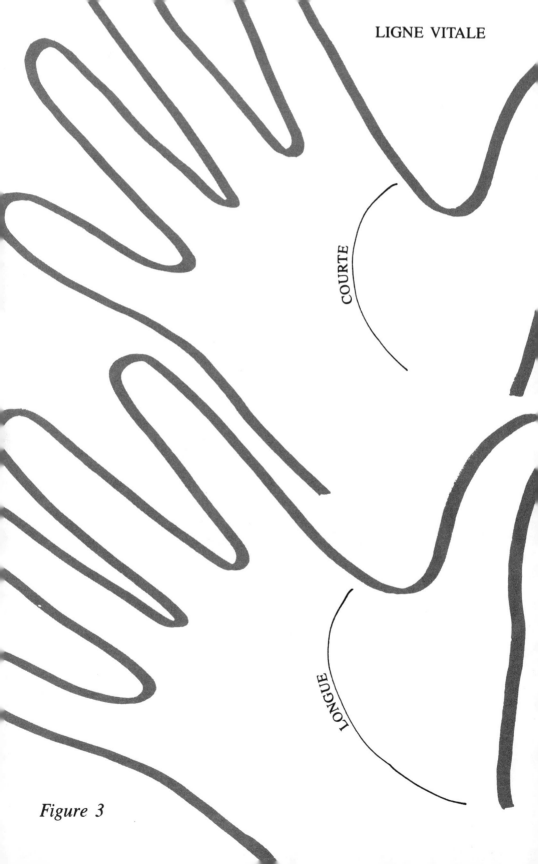

LIGNE VITALE

COURTE

LONGUE

Figure 3

LIGNE VITALE

INSTINCTS CASANIERS

INSTINCTS AVENTURIERS

Figure 4

● *Ligne vitale faisant une large courbe et pouvant finir à l'opposé du pouce*: ouverture sur le monde, besoin de bouger, de voyager et de découvrir.

● *Ligne vitale faisant une petite courbe finissant à la base du pouce*: besoin de racines, force casanière importante; ne bouge que par nécessité.

L'instinct casanier étant plus fort chez le Bilieux et le Lymphatique, la configuration de la ligne vitale confirmera ou infirmera cette propension.

Connaître — La ligne mentale

Notre connaissance et notre compréhension des choses sont directement liées à la forme de notre intelligence. Celle-ci, développée par l'éducation familiale et scolaire, n'en reste pas moins instinctive. Le tempérament nous donne bon nombre d'indications à ce sujet; toutefois, l'interprétation de la ligne mentale permet de préciser le jugement et de comprendre quelle place tient le besoin de connaître.

Il est impossible de définir le degré d'intelligence ou d'équilibre mental par l'observation de la ligne mentale. En revanche, celle-ci nous renseigne sur la forme d'intelligence d'une personne, de la façon suivante (voir figures 5 et 6):

● *Ligne mentale courte*: propension à la compréhension globale, sans approfondissement. Ce genre de ligne se retrouve plutôt dans les mains des Bilieux et des Sanguins. Cela correspond à l'esprit synthétique des premiers et à la compréhension impatiente et intuitive des seconds.

● *Ligne mentale longue*: propension à la compréhension parcellaire, avec approfondissement. Ce genre de ligne se retrouve plutôt dans les mains des Nerveux et des Lymphatiques. Pour les premiers, cela confirme leur compréhension analytique des choses ou des gens; pour les seconds, c'est une confirmation de leur analyse patiente et méticuleuse.

● *Ligne mentale courbe*: souplesse d'esprit, diplomatie, refus des conflits. (Plus souvent présente dans les mains des Sanguins, des Nerveux et des Lymphatiques.)

LIGNE MENTALE

COURTE

LONGUE

Figure 5

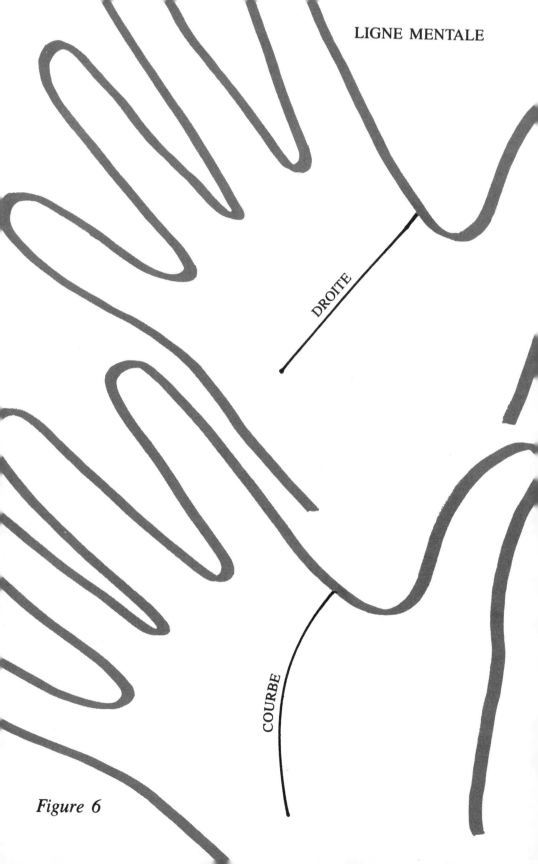

LIGNE MENTALE

DROITE

COURBE

Figure 6

● *Ligne mentale droite*: rigueur, intransigeance et obstination. (Cette configuration se retrouve plus souvent chez les Bilieux.)

Aimer — La ligne émotionnelle

Tout individu a normalement besoin d'aimer et d'être aimé; c'est dans la façon d'exprimer ce besoin que les individus se distinguent. Pour les uns, c'est avec passion, pour les autres, avec raison: question de tempérament. Mais la ligne émotionnelle apporte elle aussi quelques précisions complémentaires quant à notre façon de vivre notre affectivité (voir figures 7 et 8):

● *Ligne émotionnelle droite*: intransigeance, possessivité; peu porté à faire des concessions. (Plutôt chez les Bilieux.)

● *Ligne émotionnelle courbe*: souplesse, adaptation, concessions. (Souvent chez les Sanguins.)

● *Ligne émotionnelle longue*: prépondérance du mental dans la sentimentalité. (Chez les Bilieux et les Nerveux.)

● *Ligne émotionnelle courte*: la sensualité joue un rôle important dans la sentimentalité. (Chez les Sanguins et les Lymphatiques.)

Il peut arriver que la ligne émotionnelle semble absente. C'est qu'elle emprunte alors le même parcours que la ligne mentale et se confond avec elle. Cette disposition des deux lignes ne représente pas obligatoirement le fameux «pli simien» observé chez certains singes et chez les mongoliens. Dans ce dernier cas, d'autres signes doivent confirmer le diagnostic.

En réalité, dans la majorité des cas, les gens qui ont cette caractéristique dans leur paume sont des gens normaux, en bonne santé physique et mentale.

L'interprétation est simple: la personne ne peut dissocier son intelligence et son émotivité. L'équilibre de l'une influence l'équilibre de l'autre. La perception des choses et des gens s'en ressent.

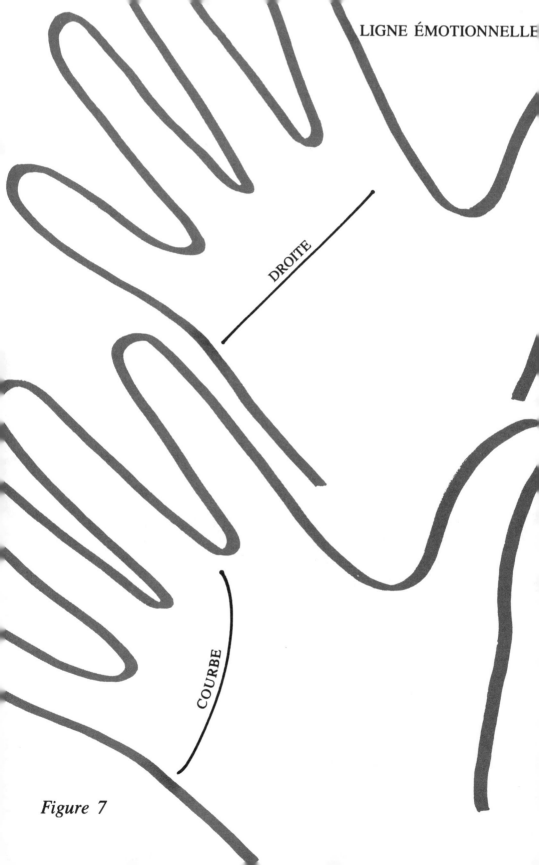

DROITE

COURBE

Figure 7

COURTE

LONGUE

Figure 8

Interconnection des lignes vitale et mentale

Il y aurait encore beaucoup à dire sur les lignes, mais nous nous en tiendrons à une dernière précision quant à leur interprétation: il est important d'observer le départ des lignes vitale et mentale; deux cas sont possibles (voir figure 9):

- *Départs conjoints des lignes vitale et mentale*: prudence, prévoyance, planification.

- *Départs disjoints des lignes vitale et mentale*: impulsivité, passion, improvisation.

Dans ces deux cas comme pour le reste, le contexte tempéramental est à considérer comme élément primordial de confirmation ou d'infirmation. Ainsi, l'impulsivité du Sanguin serait modérée par le premier cas, et favorisée par le second.

À l'inverse, le premier cas confirme la prévoyance du Nerveux, la prudence du Bilieux et la passivité du Lymphatique.

D'autre part, il arrive qu'on observe des départs conjoints de ces deux lignes dans une main, et des départs disjoints dans l'autre. Cela nous amène à préciser que la main gauche et la main droite sont à considérer séparément puis comparativement, selon les critères suivants:

- *Main gauche*: elle représente le «moi» intérieur et renseigne sur la façon de percevoir et de concevoir les choses.

- *Main droite*: elle représente le «moi» extérieur et renseigne sur la façon de concrétiser et de réaliser.

On peut ainsi être impulsif en conception et prudent en réalisation, ou vice versa.

Ajoutons, pour conclure, que les interprétations chirologiques sont asexuées et donnent les mêmes compétences et limites aux hommes et aux femmes présentant des mains similaires.

Enfin, rappelons que les lignes ne peuvent être interprétées que dans le contexte tempéramental.

CONJOINTS

DISJOINTS

Figure 9

TROISIÈME PARTIE

Les quatre tempéraments et leur comportement

Chaque tempérament génère des capacités, des limites, des idéaux. Ce chapitre les passe en revue afin d'en donner une compréhension claire et globale.

L'énergie et le dynamisme

Une des conditions souvent évoquées comme base essentielle de la réussite est la suivante: travailler dur en ne ménageant ni son temps ni son énergie...

Encore faut-il avoir de l'énergie à dépenser! En chirologie, l'énergie est révélée par la chaleur de la main. Cela permet de distinguer deux catégories:

● *Mains chaudes*: BILIEUX, SANGUIN. Deux tempéraments ayant de l'énergie à dépenser.

● *Mains froides*: NERVEUX, LYMPHATIQUE. Ces tempéraments n'ont pas d'énergie à dépenser.

Mais l'énergie à elle seule ne suffit pas. Il faut la rendre productive: tout comme l'essence ne fait pas à elle seule avancer une automobile, et ne pourra générer du mouvement qu'à partir du moment où elle sera investie dans un moteur.

ÉNERGIE-DYNAMISME

● *ESSENCE*
= ÉNERGIE
= VITALITÉ

● *MOTEUR*
= DYNAMISME
= CAPACITÉ D'ACTION

La dualité «moteur-essence» illustre bien l'interdépendance «dynamisme-énergie».

En chirologie, le dynamisme dépend de la sécheresse de la main. D'où une autre classification, complémentaire de la première:

● *Mains sèches*: BILIEUX, NERVEUX. Tempéraments ayant du dynamisme.

● *Mains humides*: SANGUIN, LYMPHATIQUE. Tempéraments n'ayant pas de dynamisme.

RÉPARTITION ÉNERGIE-DYNAMISME

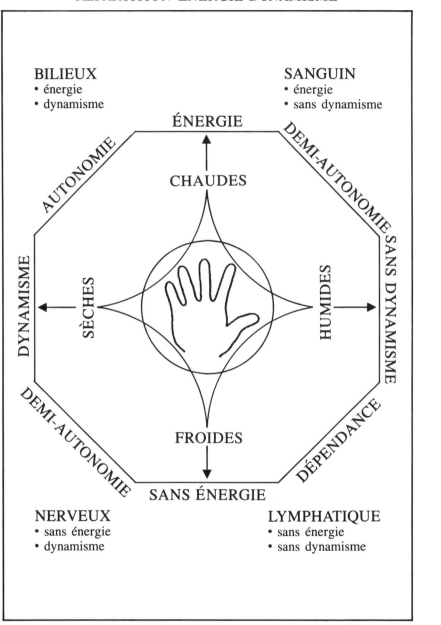

BILIEUX
• énergie
• dynamisme

SANGUIN
• énergie
• sans dynamisme

ÉNERGIE

AUTONOMIE

DEMI-AUTONOMIE-SANS DYNAMISME

CHAUDES

DYNAMISME

SÈCHES

HUMIDES

FROIDES

DEMI-AUTONOMIE

DÉPENDANCE

SANS ÉNERGIE

NERVEUX
• sans énergie
• dynamisme

LYMPHATIQUE
• sans énergie
• sans dynamisme

Ainsi, par ordre décroissant d'autonomie, nous trouvons:

Autonomie complète: BILIEUX. Énergie et dynamisme; on peut dire qu'il possède l'énergie de son dynamisme.

Demi-autonomie:

a) NERVEUX. Dynamisme uniquement; il doit agir pour avoir de l'énergie;

b) SANGUIN. Énergie uniquement; il agit pour dépenser son énergie.

Autonomie inexistante: LYMPHATIQUE. Ni dynamisme ni énergie; c'est la dynamique des autres qui lui permet d'agir.

La pensée, l'action, l'émotion

Sur chacune de ces trois notions, deux tempéraments peuvent être regroupés, permettant une compréhension synthétique des différences et des ressemblances.

La pensée: Bilieux-Nerveux

La pensée rassemble ces deux tempéraments parce que chez eux prédomine la cérébralité. Il s'agit d'intellectualité et non d'intelligence: la première est une tendance instinctive, la seconde une capacité évolutive. D'ailleurs, l'intelligence telle que la définit le dictionnaire est avant tout une capacité d'adaptation. Selon ce point de vue, on peut constater que le SANGUIN est le tempérament dont le sens d'adaptation est le plus développé.

Chez le BILIEUX, la pensée prédomine sur l'action parce qu'elle la prévoit, la prépare et l'organise. Pour le NERVEUX, la pensée remplace l'action, mais son esprit analytique complète à merveille la tendance synthétique du BILIEUX. Ce sont les détails qui sont importants pour le premier, alors que, pour le second, c'est la vue d'ensemble.

L'action: Bilieux-Sanguin

L'énergie qui anime le BILIEUX et le SANGUIN constitue leur point commun. Cependant, ce dernier aime l'action parce qu'elle est «mobilité» et qu'elle lui offre l'occasion de dépenser son trop-plein d'énergie. Pour le BILIEUX, en revanche, l'action est avant tout une concrétisation de la pensée, ce en quoi il se différencie du NERVEUX, qui, malgré sa capacité de dynamisme, préfère le plus souvent la compréhension et la planification à l'action.

L'émotion: Sanguin-Lymphatique

Le SANGUIN et le LYMPHATIQUE sont avant tout des êtres d'émotion. Ils ont tous les deux besoin de se sentir aimés et leur perception des choses est principalement émotionnelle. Cependant, chez le LYMPHATIQUE, l'émotion se manifeste plutôt sous la forme d'une extrême réceptivité.

Pour le SANGUIN, d'une certaine manière, l'émotion engendre l'action, parce que la mobilité lui donne l'impression d'une moindre vulnérabilité: pour lui, la meilleure défense, c'est l'attaque (comme sur l'échiquier)!

L'ACTION

BILIEUX	**SANGUIN**
La pensée contrôle l'émotion et organise l'action.	L'action prime sur la pensée et exprime l'émotion.

LA PENSÉE ————————————— L'ÉMOTION

NERVEUX	**LYMPHATIQUE**
La pensée prépare ou remplace l'action et analyse l'émotion.	L'émotion se vit sans action et en dehors de la pensée.

Le comportement

Pour comprendre le comportement des tempéraments, il suffit d'associer chacun d'eux à l'une des quatre époques de la vie: la vie prénatale, l'enfance, l'adolescence, l'âge adulte.

Le Lymphatique: la vie prénatale

Le rôle du bébé dans le ventre de sa mère est essentiellement passif. Il n'a rien à conquérir ou à demander, la nature ayant tout prévu, tout programmé pour lui: il est bien au chaud dans un cocon rassurant, et la nourriture vient sans qu'il ait besoin de la réclamer. Les besoins sont strictement d'ordre physique et émotionnel.

Ainsi en est-il du LYMPHATIQUE dépendant (et heureux de l'être), qui a donc besoin, pour son bien-être physique et émotionnel, d'un cocon rassurant lui permettant une vie sédentaire, sans surprises, sans risques et sans soucis. Pour lui, la nourriture peut être un plaisir, mais elle constitue souvent davantage un phénomène rassurant, puisqu'il craint toujours de manquer de tout.

Le Sanguin: l'enfance

Comme pour le bébé, les besoins de l'enfant restent prioritairement physiques et émotionnels, mais leur expression devient graduellement de plus en plus active.

Le SANGUIN accorde aussi, comme l'enfant, une grande importance à la satisfaction de ses sens, principalement la vue, le goût et le toucher.

Visuel, il a besoin, comme saint Thomas, de voir pour croire. Il apprécie particulièrement les spectacles: cinéma, théâtre, danse, etc. Dans le domaine de l'amitié et de l'affection, la vue joue un rôle prépondérant, puisqu'il lui faut «voir» en permanence l'être aimé. À ce tempérament s'applique souvent le proverbe «Loin des yeux, loin du cœur».

Sensuel, il accorde de l'importance au toucher, au point qu'il ne peut regarder une sculpture, un meuble, un tissu sans y mettre la main.

Bon vivant, il apprécie la bonne chère. Son sens de la fête le conduit souvent à faire des festins en compagnie de ses amis, et il sait profiter pleinement de l'instant présent. D'ailleurs, tout comme l'enfant, il n'a pas la notion du temps et de la durée: impatient, il ne sait pas attendre et peut se montrer capricieux. Cette primarité et son insouciance du futur le rendent imprévoyant, inconvénient qu'il compense par une bonne capacité d'improvisation et d'adaptation.

Le SANGUIN a le goût du risque et recherche l'aventure. Généreux et spontané, il est prêt à rendre service ou à agir pour une cause humanitaire. Comme l'enfant, il ne peut comprendre ni tolérer l'injustice.

Le Nerveux: l'adolescence

Une nouvelle dimension caractérise l'adolescence, au point de supplanter les besoins primordiaux antérieurs: l'action et l'émotion.

Cette nouvelle dimension est la réflexion. De la «liberté d'action» conquise par l'enfant et le SANGUIN, on passe à la «liberté de penser» revendiquée par l'adolescent et caractéristique du NERVEUX.

Ce goût pour la pensée confère au NERVEUX un comportement plus réfléchi, une attitude plus intériorisée que celle du SANGUIN.

D'ailleurs, cette intériorité rend le NERVEUX très sélectif dans ses relations. Son comportement est celui d'un individualiste qui, au lieu d'agir en groupe, préfère agir dans le groupe... et le plus souvent adopte une attitude d'observateur.

Auditif, il aime écouter... les gens intéressants, passionnants et cultivés. Il refuse l'insouciance et l'apparente liberté de l'enfance, mais fuit également les soucis et responsabilités du monde adulte. Son plaisir de conseiller, par exemple, lui permet de ne s'engager qu'en pensée (pas en action), en se rendant utile... Ne dit-on pas aussi que «les conseillers ne sont pas les payeurs»?

Son intelligence théorique et sa vivacité d'esprit lui permettent de comprendre sans avoir besoin d'expérimenter.

Le Bilieux: l'âge adulte

L'adulte est en principe autonome et responsable; le BI-LIEUX l'est par capacité naturelle... même avant d'être adulte. Mais il l'est aussi par nécessité car il ne supporte pas la dépendance, qu'elle soit physique, intellectuelle ou émotionnelle (dans sa vie personnelle et professionnelle).

Cette nécessité le rend très peu démonstratif, surtout dans le domaine affectif, car ce serait pour lui le comble de la vulnérabilité.

En revanche, il se montre très paternaliste, toujours prêt à protéger et à prendre en charge autrui. C'est généralement un meneur qui aime diriger et organiser.

Cérébral comme le NERVEUX, c'est un pragmatique. Il se sert de son intelligence d'une façon pratique et le résultat doit être concret. Prudent et prévoyant, il ne se donne pas droit à l'erreur; il a trop d'amour-propre pour cela.

BILIEUX	**SANGUIN**
Comportement: ADULTE	*Comportement*: ENFANT
• autonome et responsable	• sociable et charmeur
• peu démonstratif	• goût du risque
• meneur	• plaisir des sens
• organisateur	• primarité
• paternaliste	• insouciance
	• adaptabilité
NERVEUX	**LYMPHATIQUE**
Comportement: ADOLESCENT	*Comportement*: VIE PRÉNATALE
• introspection	• sécurité physique et affective
• individualiste	• sédentarité et routine
• prévoyant	• pas de risques
• esprit critique	• pas de soucis
• compréhension théorique	• pas de responsabilités

La célébrité et la profession

Lorsque nous jumelons deux tempéraments, il va de soi que le premier est le dominant, alors que le second n'est qu'une composante.

Ainsi, par exemple, un SANGUIN-BILIEUX n'a pas le même tempérament qu'un BILIEUX-SANGUIN. C'est surtout une question de proportion entre les deux tempéraments.

Le lymphatique

La célébrité

Le LYMPHATIQUE n'a pas l'ambition de réussir, et encore moins d'être célèbre. C'est pour cette raison qu'aucune main de lymphatique ne vient illustrer mes propos dans ce livre: je n'en ai trouvé aucun!

Pourtant, même s'ils sont rares et par conséquent difficiles à dénicher, il doit bien y en avoir quelques-uns quelque part!

L'ambition mise à part, deux raisons peuvent justifier la célébrité d'un LYMPHATIQUE: l'appartenance ou le génie.

L'appartenance, par filiation ou par mariage, fait du lymphatique une personne célèbre bien malgré lui. Il n'est pas rare, par exemple, de voir un personnage riche, célèbre et BILIEUX épouser une personne LYMPHATIQUE qui accepte de n'avoir d'autre occupation que de vivre oisivement dans le luxe.

Le génie peut être une source de gloire pour le LYMPHA-TIQUE, qui la considère cependant plutôt comme une consécra-tion que comme un but. Ainsi en est-il du génial Mozart, de tempérament LYMPHATIQUE-SANGUIN, qui n'avait d'autre ambition que de profiter de la vie au jour le jour (SANGUIN), à l'abri des soucis financiers (LYMPHATIQUE). Mais la vie d'artiste présente rarement la possibilité d'une sécurité finan-cière.

Les domaines professionnels

Sans doute est-ce pour cette raison qu'il y a si peu de LYMPHATIQUES misant sur leurs talents artistiques pour ga-gner leur vie (les artistes sont plutôt de tempéraments SANGUIN et NERVEUX). En effet, quel que soit le travail, le LYMPHATIQUE n'est efficace et heureux que si lui sont garanties la sécurité d'emploi, la sécurité financière, une routine rassurante et une certaine sédentarité.

Le LYMPHATIQUE est plus à l'aise dans un contexte requérant la compréhension de données objectives (gestion, comptabilité, etc.) ou la manipulation minutieuse et organisée d'objets concrets (horlogerie, manutention, etc.).

L'idéal du LYMPHATIQUE se résume en trois mots: sécurité, routine, sédentarité.

Son comportement: «Je suis (suivre), donc je suis (être).»

Le sanguin

La célébrité

Des quatre tempéraments, le SANGUIN est le plus attiré par la célébrité. D'abord parce qu'il est généralement très ambitieux, mais aussi parce que, une fois ses objectifs de réussite atteints, il tient à ce que cela se sache. Ajoutons que ce charmeur peut trouver dans la célébrité un moyen supplémentaire de plaire et de séduire. Cependant, il peut arriver qu'à la longue il finisse par trouver la célébrité pesante parce qu'elle entrave sa liberté.

Les domaines professionnels

Les personnalités ayant du SANGUIN en dominance dans leur tempérament ressentent le besoin d'œuvrer dans des domaines où elles peuvent vivre pleinement la passion et exprimer l'émotion.

Aussi les retrouve-t-on principalement dans les médias, dans les arts, dans les entreprises humanitaires, dans la politique… et dans les affaires.

Le SANGUIN est un aventurier qui ne craint pas de vivre dans une certaine insécurité financière, mais son revenu doit être à la mesure de ses efforts et de son engagement.

En ce qui concerne les métiers de la communication, le SANGUIN montre une préférence très marquée pour les «médias immédiats» (télévision et radio), qui permettent de rejoindre et de séduire le public instantanément. La presse écrite, à cause du déphasage inhérent aux impératifs d'imprimerie, n'attire pas du tout le SANGUIN.

Parmi les nombreux SANGUINS de la radio et de la télévision figurent: Pierre Pascau, Francine Grimaldi, Gaston L'Heureux, Frédéric-André Hurteau, Érick Rémy, Michel Louvain, Jacques Auger, Michèle Richard, Yves Mondoux, Claude Charron, Serge Laprade.

Le SANGUIN et le NERVEUX sont les tempéraments les plus créatifs. Aussi est-il normal qu'ils soient dominants chez la plupart des artistes. Mais, des deux, le SANGUIN est le plus sociable, le plus charmeur et le plus en quête de contacts avec le public.

La majorité des artistes du monde du spectacle sont des SANGUINS: Gilles Vigneault, Édith Butler, Monique Mercure, Michel Louvain, Danièle Lorain, Michèle Richard, Serge Laprade.

Il n'est pas étonnant de constater avec quelle facilité un ou une artiste de la chanson ou de la comédie peut animer une émission de télévision. L'adaptabilité et le goût du spectacle entrent en jeu.

C'est le goût du risque (financier) qui pousse des SANGUINS comme Denis Héroux à être producteurs de films.

La nécessité d'être un meneur dans un milieu artistique canalise la carrière de Charles Dutoit, qui prend le risque et le plaisir de se mettre à la merci des critiques à chaque concert ou à chaque enregistrement.

Improvisant et créant dans l'émotion et la passion, tels sont les créateurs de mode de tempérament SANGUIN comme Jean-Claude Poitras et Serge Senécal.

Un mélange d'ambition et d'abnégation ainsi qu'une fabuleuse facilité de contact conduisent la carrière du SANGUIN qui se lance en politique. Son problème majeur: il éprouve plus de plaisir à conquérir le pouvoir qu'à l'exercer. Dans le groupe SANGUIN politique se trouvent le ministre John Ciaccia, le député Gérald Godin et l'ex-ministre Claude Charron.

Le nerveux

La célébrité

L'ambition d'être célèbre n'est pas la caractéristique principale du NERVEUX. À l'instar du BILIEUX, il préfère attirer l'attention sur ce qu'il fait plutôt que sur ce qu'il est intimement.

Les domaines professionnels

Individualiste, le NERVEUX n'aime ni commander ni être commandé. Aussi n'y a-t-il aucun leader ayant ce tempérament à cent pour cent.

Aux responsabilités humaines, le NERVEUX, assez cérébral, préfère les responsabilités intellectuelles: conseil, planification, analyse, recherche, création, interprétation...

Les milieux affairistes et bancaires n'attirent pas les NERVEUX, dont l'idéalisme ne peut trouver substance dans le pragmatisme «bassement financier» de ces milieux.

Pour le NERVEUX, l'argent n'est jamais un but, tout au plus un moyen de ne pas y penser.

En revanche, les domaines où le NERVEUX semble le plus à son aise sont l'art, la psychologie et la science.

L'art est un véritable besoin pour le NERVEUX, qu'il en fasse son métier ou qu'il lui accorde une place importante dans ses loisirs.

Parmi les artistes, on trouve Céline Dion, Sophie et Anik Bissonnette, Michel Robichaud.

Lise Bacon (ministre des Affaires culturelles), Clément Richard (ex-ministre des Affaires culturelles), Louise Harel (députée), Pierre Brousseau, Denise Bissonnette peuvent être considérés comme des «organisateurs de l'art».

Même si Sylvie Bernier et Réjean Houle sont des NERVEUX, le sport et l'athlétisme ne recrutent que rarement chez ceux-ci. Ce sont plutôt des SANGUINS et des BILIEUX qui y font carrière.

Réjean Houle s'est reconverti dans un domaine où le NER-VEUX manifeste sa facilité de conseil et sa créativité: les relations publiques.

Quant à Sylvie Bernier, elle apprécie son rôle de commentatrice sportive et d'animatrice d'émissions de télévision.

On peut d'ailleurs dire qu'après le SANGUIN le NER-VEUX est le deuxième tempérament dans lequel se recrutent les animateurs et les animatrices de l'audio-visuel. Toutefois, plus qu'un animateur, le NERVEUX est un interviewer, moins tenté que le SANGUIN de se mettre au premier plan.

Ainsi en est-il de Louise Deschatelets, Marguerite Blais, Lise Lebel, Mariette Lévesque, et de bien d'autres...

Ajoutons que bon nombre d'écrivains ont du NERVEUX, en proportion plus ou moins forte, dans la personnalité. Josette Ghedin est de ceux-là. De toute façon, le NERVEUX est un grand lecteur.

Le bilieux

La célébrité

On ne peut pas dire que le BILIEUX recherche à tout prix la célébrité. Celle-ci serait plutôt la conséquence du niveau de réussite que lui permettent d'atteindre son ambition et son tempérament.

Raymond Malenfant en est la preuve vivante: son ambition est d'entreprendre; ses démêlés avec la Confédération des Syndicats nationaux lui ont apporté une notoriété qu'il ne recherchait pas et qui semble l'agacer.

Les domaines professionnels

Les trois quarts des personnages figurant dans les annuaires de célébrités sont des BILIEUX... parce que leur réussite s'opère dans des domaines importants aux yeux des économistes: la politique, l'industrie et la haute finance.

Jean Cournoyer et Michel Gratton pourraient être les premiers d'une longue liste illustrant mon propos.

Cependant, cet ouvrage illustre plutôt le rôle que jouent les BILIEUX dans d'autres domaines.

Le BILIEUX supporte très mal de travailler dans un contexte dont il n'a pas, dans la mesure du possible, le contrôle absolu. La plupart des réalisateurs de la télévision, de la radio et du cinéma sont des BILIEUX (leur adaptabilité est fonction du degré de SANGUIN dans leur tempérament). Citons, parmi eux, Raymond Beaugrand-Champagne et Claude Fournier.

Plus rares sont les animateurs, tels Guy Boucher, Roger Drolet, Claude Saucier, Jean Cournoyer.

Parmi les artistes, on trouve, entre autres, Gabriel Gascon, Gratien Gélinas, Jean-Guy Moreau, Denise Filiatrault, Pauline Julien, Guillaume Lemay-Thivierge.

Alain Stanké ne pouvait travailler dans l'édition sans créer sa propre entreprise. Aux responsabilités de rédacteur en chef du magazine *L'Actualité*, Jean Paré ajoute celles de vice-président des publications québécoises de la Cie Maclean Hunter.

LES SANGUINS-BILIEUX

Pierre Pascau

Il va de soi que Pierre Pascau prend un réel plaisir à animer *L'Informateur* à CKAC... C'est sans doute ce qui fait le succès de l'émission et la notoriété du «pourfendeur de l'actualité» depuis huit ans.

Pierre Pascau a une longue carrière journalistique derrière lui. Né à l'île Maurice, il entre à Radio-Luxembourg en 1963. Puis il immigre au Canada en 1965. Sa facilité d'adaptation et son goût pour les horizons nouveaux (SANGUIN) ont largement contribué à faciliter son intégration dans la société québécoise, et ce d'autant plus que son tempérament est aussi celui qui domine ici.

Dès son arrivée, il entre à CKLM, et ensuite devient animateur à CBC, puis correspondant national de CTV à Québec. S'il anime *L'Informateur* avec autant de verve et de mordant, c'est aussi parce que le SANGUIN est le tempérament le plus viscéralement sensible à l'injustice. À cela s'ajoute l'autorité naturelle du BILIEUX, qui aime diriger les débats, et le sens critique du NERVEUX, qui se plaît à analyser à fond chacun des sujets de ses émissions.

En ce qui concerne sa vie privée, Pierre Pascau a un comportement beaucoup moins extraverti que ne le laisserait penser son tempérament. Il a choisi de se ménager du temps loin de la foule, où il peut s'adonner à des plaisirs tout simples qui le détendent dans l'intimité: lire, cuisiner, ranger sa maison, etc.

Il a d'autant plus besoin de ces moments de calme que son travail requiert toute l'énergie et la passion du SANGUIN.

Personnalité forte, Pierre Pascau ne laisse personne indifférent... mais pour lui, il est important d'être entier dans tout ce qu'il entreprend.

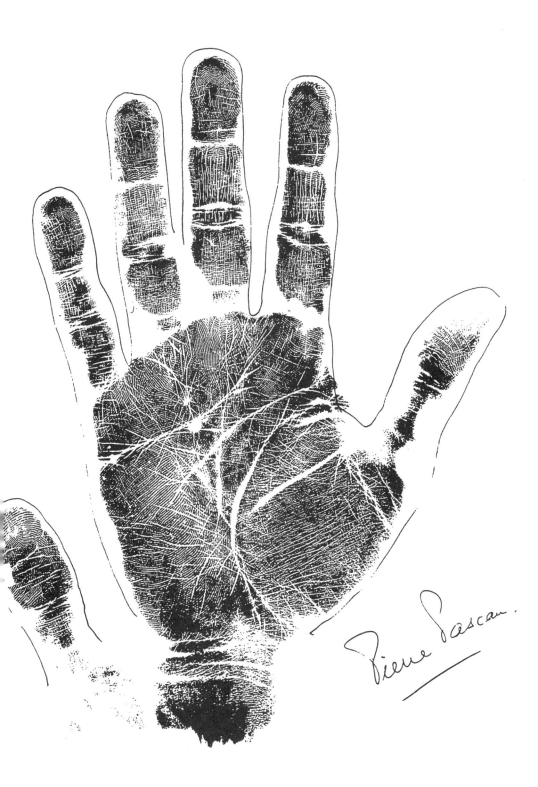

Michel Louvain

La trajectoire de Michel Louvain ne relève pas du hasard. Il a toujours voulu être un chanteur à succès, il y est arrivé, et il a tout fait pour le rester. Ainsi, depuis trente ans qu'il charme son public, Michel Louvain garde la même recette: viser la perfection, être irréprochable, et travailler fort.

S'il est toujours impeccable, tiré à quatre épingles, souriant et aimable, c'est d'abord parce que son côté SANGUIN lui fait rechercher la faveur du public. Mais surtout, il supporte mal (à cause de son amour-propre de BILIEUX) les critiques... Il ne se donne tout simplement pas droit à l'erreur, et il fait en sorte, finalement, de maîtriser pleinement la situation.

Prévoyant, il n'aime pas faire une interview sans l'avoir préalablement bien préparée (petite fiche répertoriant les questions). Une fois ces points de repère établis, il peut en toute quiétude favoriser le déroulement de l'émission dans une ambiance chaleureuse, détendue et imprégnée de bonne humeur.

Tout à la fois meneur et artiste, Michel Louvain aime construire du solide et ne laisse donc rien au hasard. Mais c'est surtout à l'homme de cœur que le public reste attaché... Pas étonnant qu'on l'appelle «le chanteur de charme»!

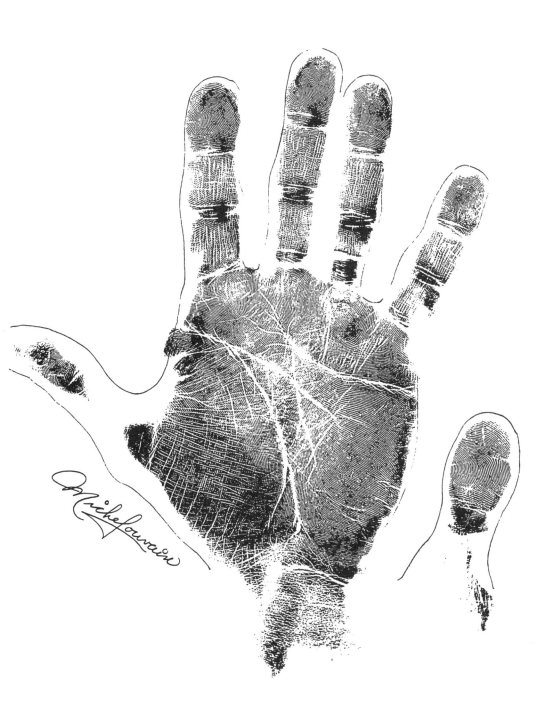

Jacques Auger

Avant de rencontrer Jacques Auger, je m'attendais déjà, à la lumière de son comportement d'animateur, à lui trouver une main de SANGUIN. Ce côté rieur et spontané ne pouvait provenir d'aucun autre tempérament.

Quelle ne fut pas ma surprise de constater que sa main révélait également un tempérament BILIEUX. Aussi, contre toute apparence, peut-il se montrer obstiné et intransigeant pour tout ce qui lui tient à cœur. Perfectionniste, il évite de se disperser afin de demeurer efficace.

Le tempérament SANGUIN, bien plus que le BILIEUX, explique le choix du métier d'animateur, qui peut d'autant plus s'accommoder de l'insécurité professionnelle qu'il trouve là une expression de son goût pour la liberté.

Sociable et aimable, Jacques Auger se veut accessible et fait toujours preuve d'une grande gentillesse.

La part de tempérament NERVEUX qu'il a en lui le rend plus introverti qu'il n'en a l'air.

Son ambition le mènera certainement loin, mais il cherchera toujours à conserver une certaine indépendance, élément indispensable à son épanouissement.

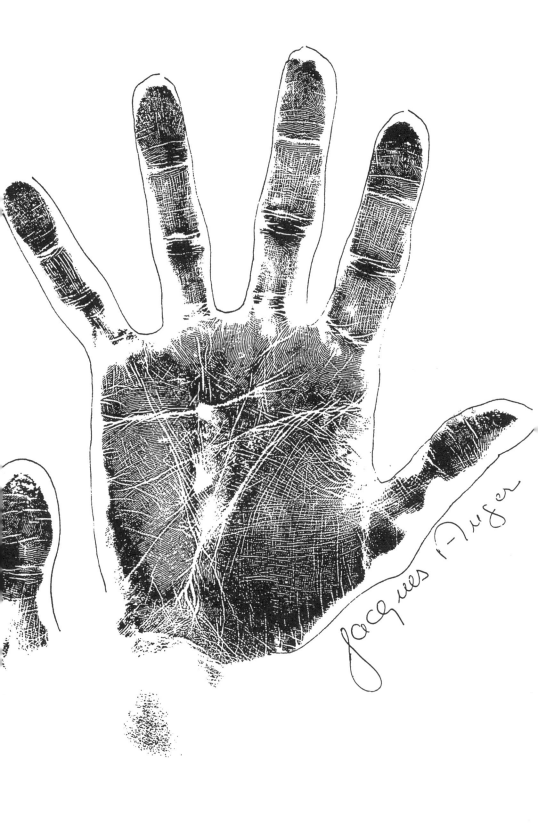

Jacques Auger

Gérald Larose

Onzième président de la Confédération des Syndicats nationaux depuis sa fondation en 1921, Gérald Larose est un homme qui se veut accessible et humain (SANGUIN). Il n'affiche à aucun moment l'autorité de son poste. Conscient des responsabilités de sa situation, il n'en dramatise pas les choses pour autant et fait preuve d'humour pour dérider les gens. Comme la majorité des SANGUINS, il est très sensible et ne supporte pas l'injustice. C'est d'ailleurs le facteur humain qui l'intéresse le plus et qui a guidé sa carrière: après des études en théologie et en service social, il a été enseignant, prospecteur minier, puis travailleur social.

De nature curieuse (NERVEUX), Gérald Larose s'intéresse à tout, ne perdant pas de vue cependant le but à poursuivre (BILIEUX).

Dans le domaine des idées, il ne cherche pas à imposer les siennes à tout prix, et se montre prompt à écouter celles des autres.

Ses valeurs privilégiées: la famille, la liberté et la justice. Mais il serait trop long de citer en entier la liste des sujets qui l'intéressent. Ce n'est pas un homme qui pourrait s'ennuyer! Toute sa vie a toujours été bien remplie, et ce n'est pas maintenant qu'il risque de réduire ses activités. Il est beaucoup trop passionné par la vie pour agir autrement.

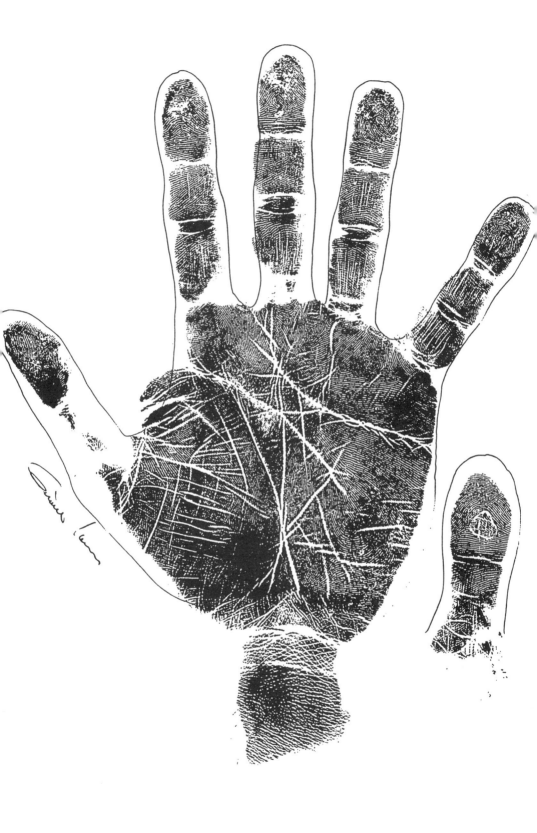

Gaston L'Heureux

Lorsque l'on rencontre Gaston L'Heureux, on s'aperçoit qu'il est aussi sociable et chaleureux qu'il le laisse paraître devant les caméras. C'est un être authentique qui n'aime pas porter de masque. Il ne faut pas croire pour autant qu'il étalera ses états d'âme sur la place publique, d'autant plus qu'il est très émotif et qu'il en souffre. Très discret sur lui-même, il préfère mettre en valeur les autres tout en les mettant à l'aise (SANGUIN). C'est là une qualité qui rend bien service à l'animateur qu'il est.

Son sens de l'humour, son enthousiasme et sa spontanéité ne doivent pas faire oublier que c'est un homme de bonne volonté motivé par les obstacles et par le goût de l'efficacité (BILIEUX). Travailleur inépuisable, il bénéficie de cette grande énergie qu'ont les SANGUINS et les BILIEUX. Sa carrière professionnelle peut prendre différentes formes; l'important, pour lui, est d'agir et de rester passionné.

L'avenir ne l'inquiète donc pas. Il est assez optimiste et ingénieux pour être sûr de toujours trouver une solution aux surprises et aux épreuves de la vie... et c'est une bonne chose puisque son métier exige qu'il vive au jour le jour.

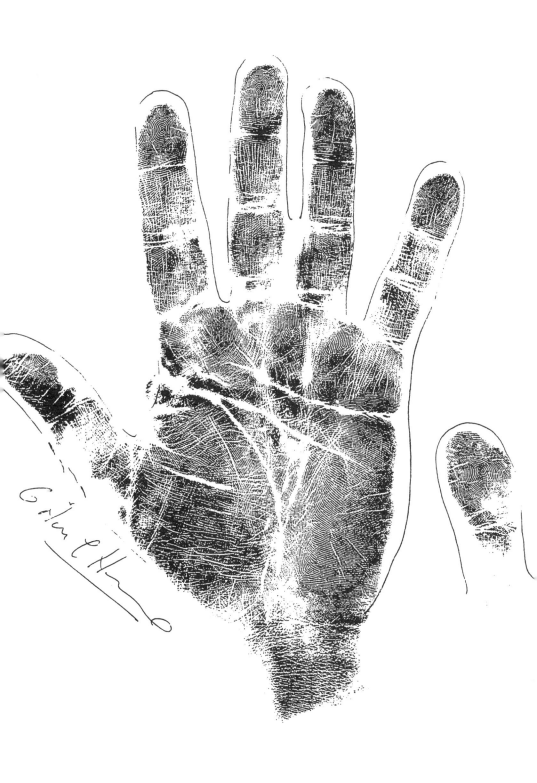

Denis Héroux

Le métier de producteur est un métier à risques et apporte donc à celui qui l'exerce une quantité de stress considérable. Or, il est surprenant de constater que ce sont les SANGUINS qui arrivent le mieux à traverser les aventures que réserve ce genre de métier. La facilité d'adaptation des SANGUINS et leur grande résistance à l'échec leur permettent de s'épanouir même dans un contexte instable où il faut miser sur l'avenir.

Denis Héroux n'échappe pas à cette règle car son tempérament dominant est le SANGUIN. Il ne faut pas oublier qu'il est aussi réalisateur, compétence qui repose davantage sur ses capacités BILIEUSES. Ainsi, par exemple, il est doté d'une volonté très forte et d'un excellent sens de l'organisation. Ce pragmatisme BILIEUX ne l'empêche pas d'être sociable et d'user de toute la diplomatie nécessaire (qu'il trouve en son côté SANGUIN) pour arriver à ses fins sans heurts.

De plus, il a su accorder une importance non négligeable à tout ce qui concerne la culture et la vie artistique en général. C'est en ce domaine que la partie NERVEUSE de son tempérament intervient le plus.

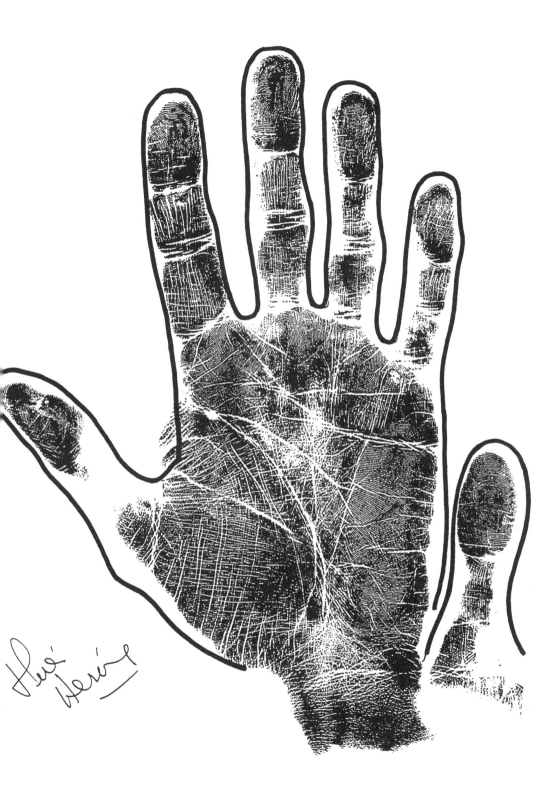

Guy Arbour

Il a la faconde de l'homme d'affaires (SANGUIN), l'entregent du relationniste (NERVEUX-SANGUIN) et cette volonté d'action inflexible propre au meneur (BILIEUX). Au moment de la prise d'empreintes, Guy Arbour était directeur de l'Agence canadienne-française pour l'Avancement des Sciences, poste auquel le prédisposaient sa formation scientifique et son expérience.

Les buts qu'il s'était fixés étant atteints, il aurait pu consolider la position dans laquelle il excellait depuis cinq ans, adoptant alors une attitude BILIEUSE. Mais c'eût été contraire à son tempérament SANGUIN, qui le pousse à relever d'autres défis à l'École polytechnique pour éviter de s'installer dans une routine confortable.

Parlant de sa vie professionnelle, il avoue qu'il fait le travail qu'il souhaiterait faire gratuitement s'il était millionnaire, ce qui n'est pas encore le cas...

Ses tempéraments SANGUIN et NERVEUX en font un homme très créatif, qui regrette cependant, selon ses propres termes, de ne pas avoir autant de vies qu'il a de projets. Sans faire de politique, il s'intéresse beaucoup à celle-ci, et c'est avec passion qu'il explique comment il réformerait la médecine (et bien d'autres choses...) s'il en avait le pouvoir.

Son optimisme, sa capacité d'émerveillement et sa sociabilité le rendent particulièrement sympathique et par là même rendent attrayant le monde de la science dont il s'est fait le promoteur.

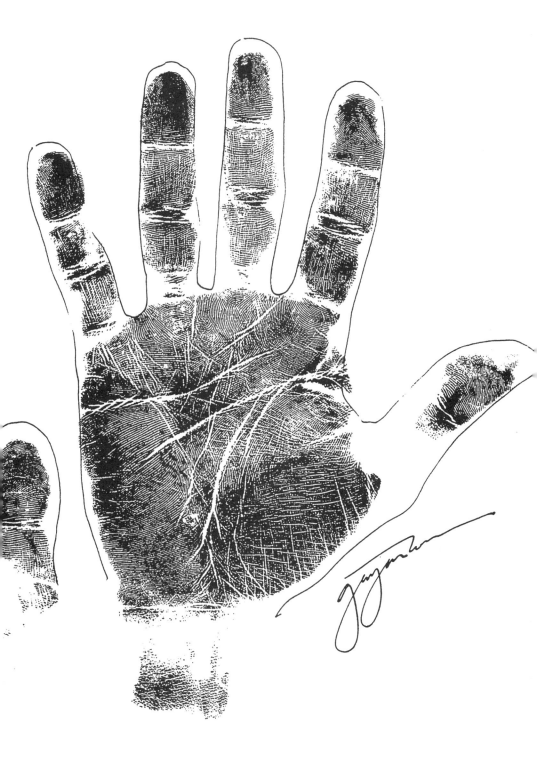

Monique Mercure

Très tôt, Monique Mercure est en contact avec l'art. À l'école du «Doux Parler français», elle apprend le solfège, la danse, l'art de la récitation et le piano. Puis elle étudie le violoncelle, et, malgré un baccalauréat en musique, elle opte pour le théâtre.

Depuis lors, on ne compte plus les films et les pièces de théâtre qui jalonnent sa prestigieuse carrière.

Perfectionniste, Monique Mercure répète inlassablement ses rôles, pour finalement improviser dans le feu de l'action. On reconnaît ici, d'une part, le côté BILIEUX, qui prépare l'action par cette prévoyance qui la rassure, et, d'autre part, le côté SANGUIN, qu'elle peut alors exprimer en toute liberté dans la spontanéité et le plaisir d'un contact direct avec le public.

Avec le temps et l'expérience, Monique Mercure pourrait faire de la mise en scène. Elle avoue d'ailleurs être une bonne organisatrice, mais ajoute qu'elle n'y prend pas plaisir. Sans doute n'est-elle pas assez BILIEUSE pour cela.

Le tempérament BILIEUX la rend toutefois suffisamment casanière pour qu'elle n'aime pas voyager. Elle a transformé sa cuisine en une agréable salle à vivre, inondée de lumière, remplie de plantes et de vie, pour y accueillir chaleureusement ceux et celles qui partagent son intimité.

Pour se détendre, elle aime écouter de la musique classique, ou observer le monde à travers le petit écran, vis-à-vis duquel elle ne manque pas de commentaires, que ce soit pour «tempêter» ou applaudir.

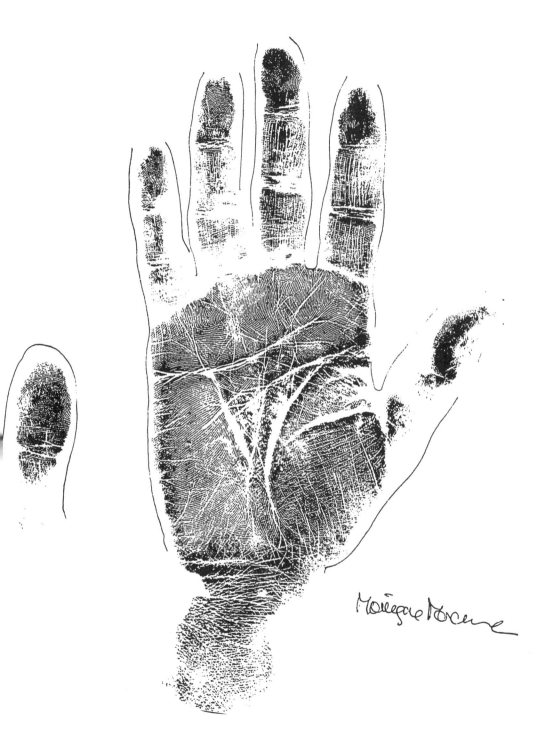

LES SANGUINS-NERVEUX

Gilles Vigneault

«C'est comme si Gilles Vigneault avait toujours existé. Comme si ses chansons *Mon pays* et *Gens du pays* étaient enracinées dans le patrimoine québécois», écrivent Marie-Odile Vézina et Edward Rémy dans leur ouvrage *Têtes d'affiche*.

Ce qui frappe le plus quand on rencontre Gilles Vigneault, c'est sa faculté d'émerveillement. Mais ses tempéraments SANGUIN et NERVEUX y sont, bien entendu, pour quelque chose. Il a cette hypersensibilité des SANGUINS qu'il exprime dans ses chansons tout en protégeant son introversion de NERVEUX. Le rêve et l'imaginaire sont pour lui des refuges de survie face à la réalité ambiante. Il imagine, par exemple, que sa voiture est un bateau, et, à le regarder, on a l'impression qu'il accoste le trottoir plutôt que de s'y garer.

Épris de liberté, Gilles Vigneault tient à la protéger. Très attaché à la famille — il a sept enfants —, il aime nourrir son cœur des joies familiales et reposer son esprit en devisant gaiement et en parlant du beau temps.

Très casanier, il ne voyage que par nécessité, ou pour revoir sa région natale, à laquelle il est resté fidèle.

C'est un travailleur acharné et perfectionniste, poussé plus par la passion de son métier et le souci de faire réfléchir les gens que par une réelle volonté.

Cet homme de cœur et de tête ne nous a-t-il pas tous interpellés un jour ou l'autre?

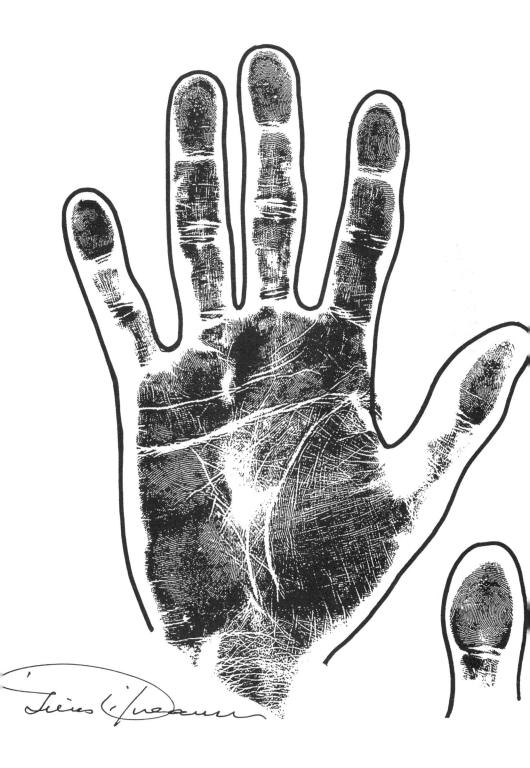

John Ciaccia

John Ciaccia est actuellement ministre québécois de l'Énergie et des Ressources. Lorsqu'on l'interroge sur sa carrière, il répond que ce sont les Amérindiens et les Inuit qui ont orienté sa trajectoire professionnelle.

Après des études de droit à l'université McGill, il entreprend une carrière d'avocat qu'il mène brillamment durant une vingtaine d'années. En 1971, Jean Chrétien lui confie la responsabilité de sous-ministre adjoint aux Affaires indiennes à Ottawa. Puis il est élu député à l'Assemblée nationale du Québec en 1973. Fort de son expérience fédérale précédente, il est chargé par Robert Bourassa de négocier avec les Amérindiens et les Inuit de la baie James.

John Ciaccia est un homme souriant, affable et sans prétention. Sa sociabilité de SANGUIN le rend tout de suite sympathique. Et c'est sans doute à cela qu'il doit la distinction de chef honoraire de la tribu Kehewin (1972) ainsi que celle d'homme de l'année (1984) décernée par l'Association des Hommes d'Affaires italo-canadiens. Il va de soi que c'est aussi le résultat de la force de travail qu'il a toujours démontrée.

Mais John Ciaccia est aussi un homme curieux, qui lit beaucoup et dont l'esprit est toujours en alerte (NERVEUX). Il s'intéresse notamment à la psychologie et à l'histoire. Cette soif de toujours en apprendre davantage va de pair avec son réalisme (BILIEUX), qui lui fait toujours garder les pieds sur terre.

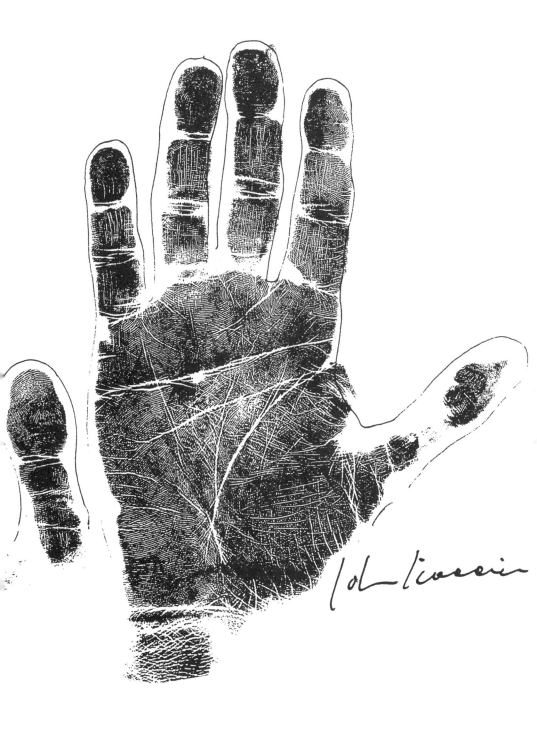

Édith Butler

Édith Butler a une énergie débordante (SANGUIN), et il en faut pour se dépenser sur scène comme elle le fait et assumer deux cents spectacles par année.

Édith Butler chante en public depuis 1962. Au départ, elle faisait ce «travail» tout simplement pour payer ses études de lettres à l'université Laval de Québec.

L'exposition universelle de 1970 à Osaka fut l'occasion de son premier véritable engagement. Elle renonça alors à l'enseignement et se consacra entièrement à la chanson.

Aujourd'hui, sa carrière d'auteur-compositeur-interprète est toujours florissante.

Très manuelle, Édith Butler a besoin de contact avec la matière, avec la réalité. Excellente cuisinière, elle a agencé sa cuisine de manière fonctionnelle et accueillante. C'est d'ailleurs là qu'elle m'a reçu, en compagnie de ses chats.

Elle apprécie les joies de la maison, ce qui la rend assez casanière. Elle prend un grand plaisir à remplir sa demeure de toutes sortes d'objets qui évoquent pour elle des souvenirs et suscitent des émotions. Parmi ces objets, elle arrive à former de véritables collections qui rendent son intérieur très personnalisé. Ainsi, si jamais vous allez chez elle, ne soyez pas surpris de vous trouver nez à nez avec quelques grenouilles de tous genres et de tous modèles!

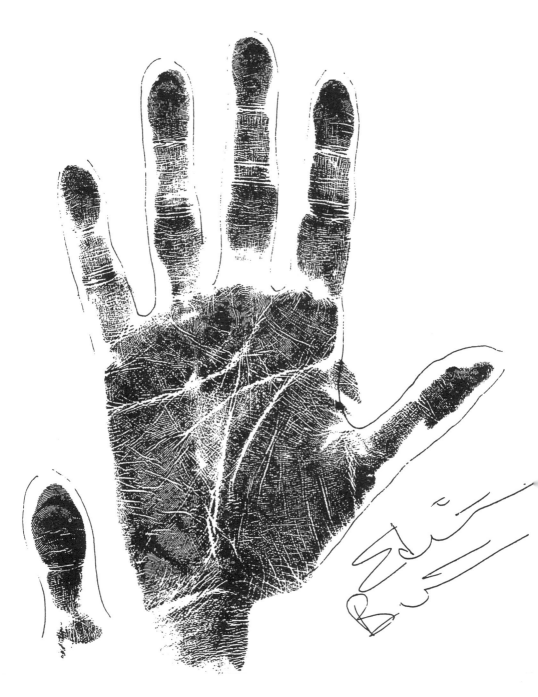

Jean-Claude Poitras

Comme la plupart des créateurs de mode, Jean-Claude Poitras possède le tempérament mixte SANGUIN-NERVEUX. Le SANGUIN étant dominant chez lui, sa créativité est plus portée à l'extravagance qu'au classicisme. Il aime les mouvements amples et les formes qui surprennent. Même choix en ce qui concerne les couleurs ou les tissus... On ne sera pas surpris de constater qu'il a un tempérament très semblable à celui de Paco Rabanne!

L'absence de BILIEUX dans son tempérament lui confère une plus grande aptitude à créer et à promouvoir qu'à administrer.

Il est à la fois perfectionniste et impulsif, ce qui peut paraître paradoxal; il a besoin de travailler rapidement, tout en aimant les choses bien faites.

Il lui a fallu beaucoup de persévérance pour imposer son nom, même si son ambition n'est pas celle d'un arriviste. D'ailleurs, il n'aime pas jouer des coudes, ni se faire d'ennemis, ni se trouver au milieu d'un conflit (SANGUIN).

C'est une personne attachante et sensible qui a besoin de se sentir en confiance pour se confier. C'est pourquoi il apprécie tout particulièrement de rencontrer ou de travailler avec des gens avec qui il se sent en harmonie. Une telle ambiance le pousse à exprimer en toute liberté ses goûts et ses aspirations.

Malgré sa réputation, il ne considère pas que son ascension est terminée, et il conserve dans son regard toute la passion de ses débuts.

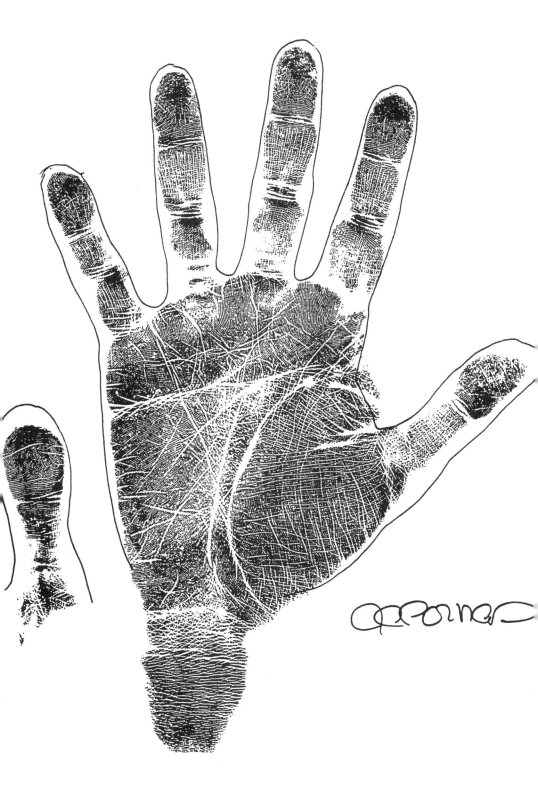

Michèle Richard

Michèle Richard était déjà une star à 19 ans. Il faut avouer que, sous l'égide de son père Ti-Blanc Richard, elle a débuté tôt: elle n'avait que 12 ans lorsque son premier disque fut un succès. Et, depuis lors, elle n'a cessé de travailler dans le monde du spectacle.

Le secret de la réussite de cette chanteuse qui est aussi une femme d'affaires: tout planifier, tout surveiller, tout contrôler, et travailler fort.

Il faut dire que Michèle Richard n'aime pas que les choses traînent, et elle va de l'avant avec passion (SANGUIN). Cela ne l'empêche pas d'être prudente et prévoyante (NERVEUX-BILIEUX), et d'analyser les avantages et les inconvénients d'une situation avant de s'engager.

Pour éviter les désillusions, Michèle Richard est très sélective dans ses amitiés, mais elle s'avère, en contrepartie, d'une fidélité à toute épreuve.

Si sa vie sentimentale suscite l'intérêt des journaux à sensation, c'est sans doute parce qu'elle est plutôt possessive: «Mais qu'importe, dit-elle, si c'est là la rançon de la gloire. De toute manière, il n'y a que mon métier qui m'intéresse... et ma réussite me permet de me lever chaque matin sans souci. Je n'ai plus rien à désirer.»

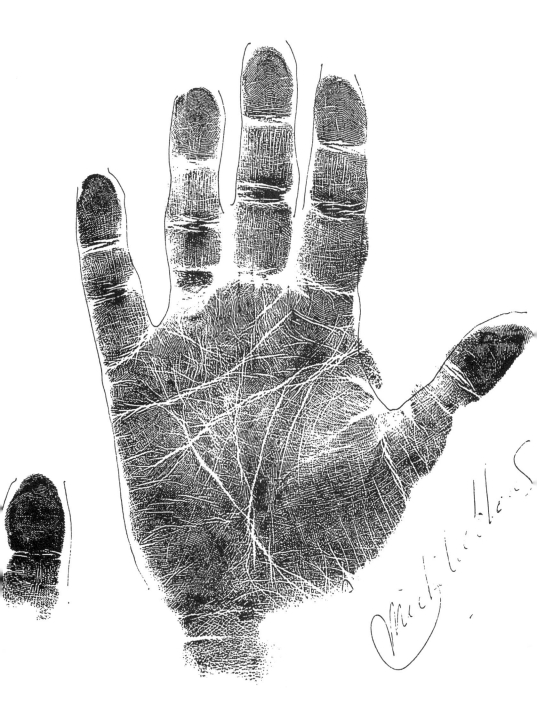

Yves Mondoux

Bien qu'il n'ait ni l'exubérance ni l'impulsivité du SAN-GUIN, Yves Mondoux en a la générosité et la sensibilité.

Sans doute est-ce son côté NERVEUX qui le rend plus introverti, mais cela en fait cependant un bon interviewer-chroniqueur.

C'est justement la fonction qu'il occupait à l'émission *Téléservice* au moment de la prise d'empreintes.

Yves Mondoux n'a pas l'ambition d'un arriviste. Il fait son chemin lentement mais sûrement. Il a commencé sa vie professionnelle en étant agent de bureau, facteur, opérateur de son, puis enfin... annonceur-animateur.

À ce double tempérament SANGUIN-NERVEUX s'ajoute un peu de BILIEUX, qui justifie le perfectionnisme qu'on lui connaît.

C'est un collaborateur apprécié pour sa pondération et sa méticulosité, qualités qui sont le gage de la meilleure objectivité dans les reportages et chroniques télévisés. Ce sont aussi des atouts que l'on apprécie au sein d'une équipe de travail, où la bonne entente facilite bien des choses.

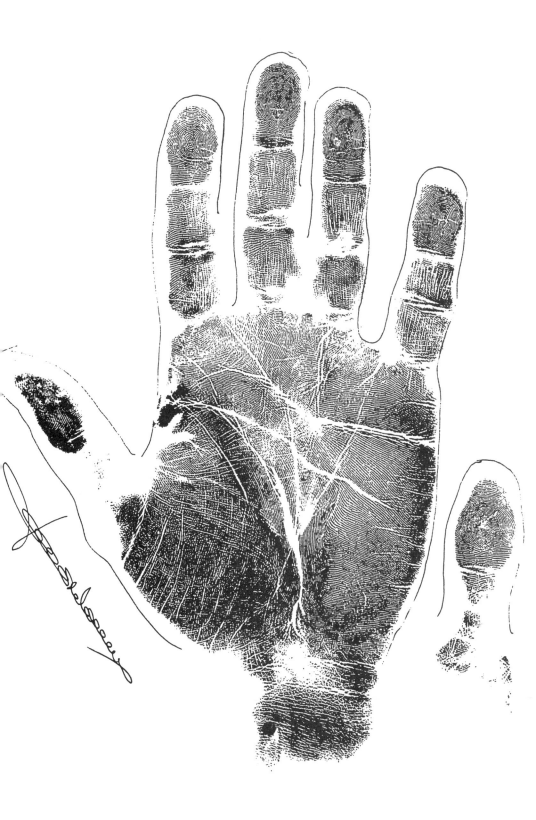

Frédéric André Hurteau

Frédéric André Hurteau est connu du grand public par l'émission de ligne ouverte en psychologie qu'il a coanimée à CJMS, et par ses nombreuses chroniques à la télévision.

Il est également connu des amateurs de psychologie transpersonnelle grâce aux nombreux séminaires, ateliers, conférences et voyages qu'il a organisés au Québec, en France, en Grèce et aux Antilles. D'une énergie débordante (SANGUIN), aimant les contacts humains, il ne cesse d'entreprendre, toujours passionné par l'instant présent (SANGUIN), tout en planifiant (NERVEUX) les activités futures.

Son intérêt pour la psychologie est avant tout le signe de son intérêt pour l'être humain et ses émotions, ses passions, son évolution, son expression. Il a d'ailleurs développé tout un système de compréhension de notre vision des choses par ce qu'il appelle le «jeu de sable».

Sa grande curiosité de NERVEUX le pousse naturellement à approfondir sans cesse ses centres d'intérêt, et son énergie de SANGUIN lui permet de mettre à profit pour les autres toutes ses découvertes. On peut voir ici combien la complémentarité de deux ou plusieurs tempéraments dans une personnalité permet de conjuguer les talents.

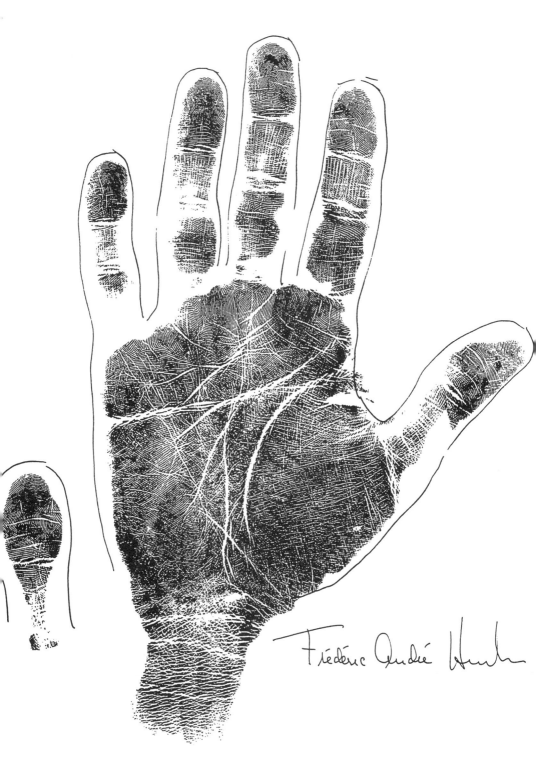

Frédéric André Hun

Claude Charron

Claude Charron est le type même du personnage dont la personnalité et la vie illustrent le comportement SANGUIN.

Le goût du risque, la résistance à l'échec et l'instabilité professionnelle sont trois caractéristiques de ce tempérament que l'on peut analyser à son sujet.

Chacun garde en mémoire l'événement malencontreux qui a clos la carrière politique de Claude Charron. Cet événement montre l'attrait instinctif du SANGUIN pour le risque. On peut affirmer que s'il avait été BILIEUX, Claude Charron n'aurait pas agi de la sorte, et ce pour deux raisons: d'une part parce que le BILIEUX est motivé par la difficulté et non par le risque, d'autre part parce que le BILIEUX ne se donne pas le droit à l'échec. Or, Claude Charron, en toute conscience du risque, avait toutes les chances de se faire prendre.

Mais le SANGUIN a pour lui l'avantage d'une meilleure résistance à l'échec que le BILIEUX. La chute, péripétie parmi tant d'autres, devient un marchepied pour mieux repartir. Aussi Claude Charron se tourna-t-il vers le journalisme, et il entreprit cette nouvelle carrière comme un nouveau départ, avec la passion et la spontanéité du SANGUIN.

D'ailleurs, à cause de ce tempérament, Claude Charron est de nature foncièrement optimiste et sa capacité de profiter pleinement du présent lui permet d'oublier le passé.

Avec le recul, analysant son acte de délinquance à la lumière de notre discussion chirologique, Claude Charron en conclut que le besoin de passion et d'antiroutine du SANGUIN l'aurait amené tôt ou tard à quitter la politique... Parce que, pour les SANGUINS, il est plus fascinant de conquérir le pouvoir que de l'exercer. L'événement dont on a tant parlé n'a fait, en réalité, que précipiter les choses.

Aujourd'hui, Claude Charron semble parfaitement heureux de sa situation de journaliste. À ce poste, deux atouts le servent: d'abord son sens critique (NERVEUX), puis son expérience de la politique, qui lui permet d'en expliquer plus facilement les rouages.

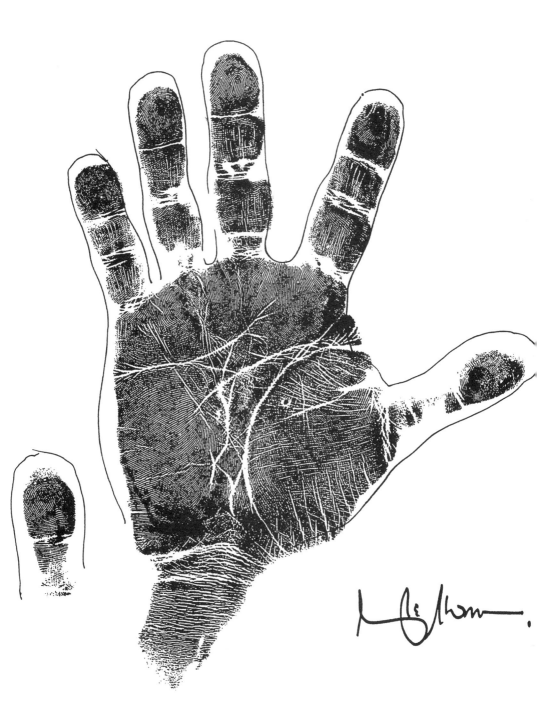

LES NERVEUX-SANGUINS

Céline Dion

Lorsque l'on évoque les débuts de Céline Dion, on parle souvent de conte de fées.

Issue d'une famille de quatorze enfants, Céline Dion est née en 1968. Les talents musicaux sont bien partagés dans cette famille, mais sa voix tranche nettement sur les autres.

À 11 ans, elle obtient de son père la permission de chanter sur la scène du piano-bar qu'il vient d'acquérir. C'est là que René Angélil la découvre, et, subjugué par sa voix, il la prend sous son aile de producteur et devient son impresario.

La carrière de Céline Dion démarre si bien qu'elle doit abandonner l'école. Très vite elle chante un peu partout au Québec et ailleurs au Canada. Puis, de succès en succès, elle chante en Europe et gagne le prix de l'Eurovision.

Aujourd'hui, son gérant vise les États-Unis... et Céline Dion est entre de bonnes mains BILIEUSES-SANGUINES! C'est une chance pour elle, car, quel que soit son talent, son tempérament NERVEUX ne lui permettrait pas d'organiser sa carrière aussi brillamment.

D'ailleurs, Céline ne cherche nullement à être autonome puisqu'à 21 ans elle habite toujours chez ses parents, qu'elle affectionne énormément.

Si elle est rassurée et protégée, Céline Dion peut exprimer son talent en toute liberté. Quelque peu impulsive à cause de son côté SANGUIN, elle se passionne rapidement, mais elle garde, malgré sa réussite, une grande capacité d'émerveillement, apanage de son tempérament NERVEUX.

Bien que l'argent gagné soit un moyen de mesurer sa réussite, Céline Dion ne le considère en aucune façon comme un but. Son ambition est d'abord d'être une artiste internationale. Très prévoyante, cependant, elle conserve son argent pour, dit-elle, s'acheter plus tard une maison lorsqu'elle se mariera. Cela ne l'empêche pas d'être généreuse envers ceux qu'elle aime, et tout spécialement ses parents.

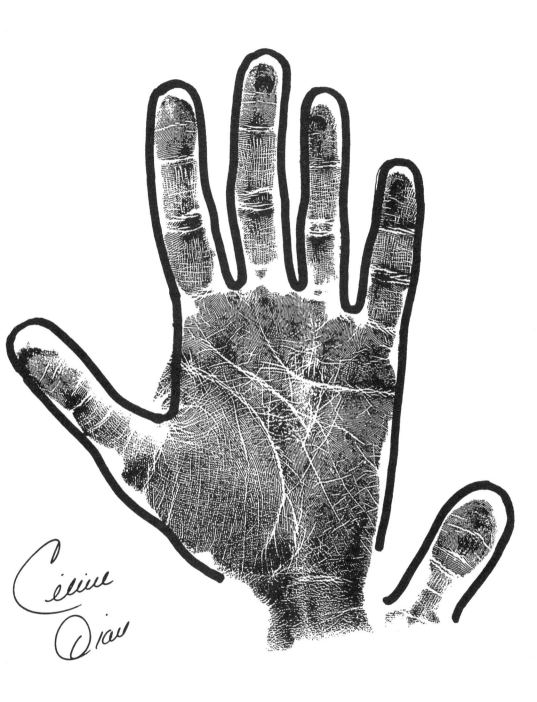

Louise Harel

L'art, la psychologie et les sciences sont des sujets qui ne manquent pas d'intéresser les NERVEUX. Le cursus universitaire de Louise Harel en fournit une preuve étonnante: elle commence par un baccalauréat ès arts au séminaire de Sainte-Thérèse, sa ville natale, puis étudie la sociologie à l'université de Montréal et couronne le tout d'une licence en droit en 1977.

En 1979, elle est admise au barreau du Québec, mais son engagement social et politique est bien antérieur à cette date. Elle a été, entre autres, vice-présidente de l'Union générale des Étudiants du Québec en 1968, permanente au Secrétariat national du Parti québécois, engagée dans le développement social de Montréal.

Son rôle au sein du Parti québécois devient majeur puisqu'elle accède à la vice-présidence en 1979, poste qu'elle occupera jusqu'en 1981.

Depuis 1981, Louise Harel est députée de la circonscription de Maisonneuve. Entre-temps, elle a été ministre des Communautés culturelles et de l'Immigration, et membre de plusieurs commissions.

Il va de soi qu'une telle réussite est rare chez les NERVEUX. La main de Louise Harel montre qu'elle possède, en revanche, une ambition et un idéal BILIEUX. Heureusement, elle a pu, pour compenser, compter sur la détermination que confèrent la passion et la certitude de bien agir. À cela s'ajoute un perfectionnisme si grand qu'elle voudrait parfois le bâillonner.

Tous ses déplacements professionnels n'ont fait, au fils des ans, qu'accentuer sa tendance casanière.

Paternaliste et aimant conseiller, elle ne pourrait vivre sans se sentir concernée par ce qui arrive aux autres.

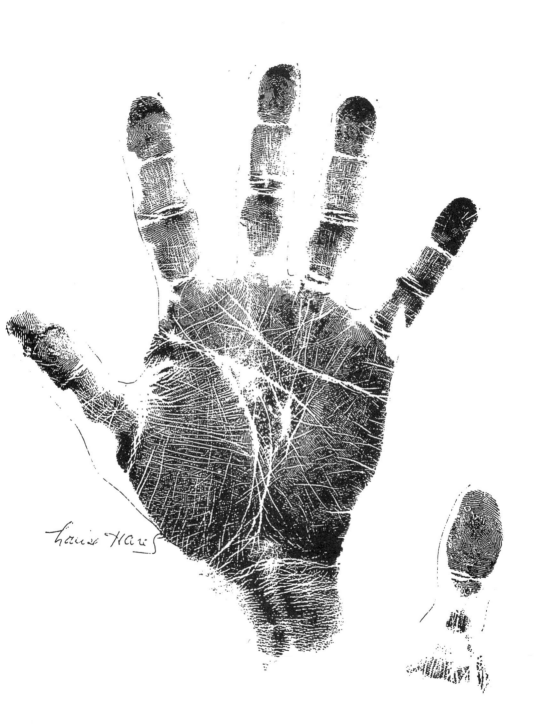

Louise Deschatelets

Si tous les NERVEUX et les SANGUINS ne sont pas comédiens ou animateurs, l'inverse se vérifie très souvent. Louise Deschatelets le confirme par son tempérament.

Pourtant, ce n'est pas le genre de carrière qu'elle visait. Diplômée en phonétique, elle commença par travailler dans l'enseignement. Ce sont plutôt les cours de diction et d'art dramatique qu'elle suivit pendant son adolescence qui lui ont ouvert la porte d'un monde qui ne l'attirait pas particulièrement: le théâtre. Sa mère, esthète de nature, tenait à ce que sa fille s'exprime avec clarté et distinction dans la langue de Molière!

Louise Deschatelets a la douceur et la curiosité des NER-VEUX qui vous écoutent parler avec attention et intérêt. Sans doute est-ce pour cela qu'elle est une animatrice appréciée des téléspectateurs. Parmi les qualités qu'elle admire le plus figurent la simplicité chez les êtres supérieurs et la faculté de transmettre facilement ses connaissances et ses idées.

Le tempérament de Louise Deschatelets comporte suffisamment de SANGUIN pour qu'elle se sente concernée par le sort des autres et par l'injustice. C'est dans cette optique qu'elle s'est engagée au sein de l'Union des Artistes, au point d'en être présidente pendant quatre ans. Elle n'est pas assez BI-LIEUSE cependant pour avoir vécu cette expérience comme une partie de plaisir. Elle vérifia ainsi que les NERVEUX sont plus à l'aise dans un rôle de conseil que de dirigeant, mais elle avoue ne rien regretter de ce qu'elle a fait.

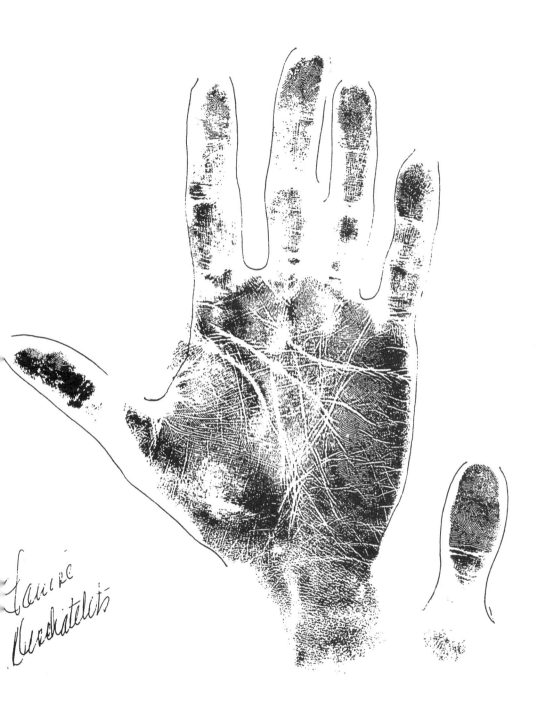

Michel Robichaud

À travers tout le Canada, le nom de Michel Robichaud est synonyme de mode élégante et raffinée.

Il est bien rare qu'un homme d'affaires soit de tempérament NERVEUX dominant, et à ce titre Michel Robichaud a le mérite de s'être lancé comme couturier et d'être le premier au Canada à l'avoir fait.

C'est à 23 ans que Michel Robichaud, aidé de son épouse Luce, lance sa maison de couture. Auparavant, il avait acquis de solides connaissances à l'École des Métiers commerciaux de Montréal et à l'École de la Chambre syndicale de la haute couture parisienne. Avant de revenir au Québec, il prit soin de faire un stage chez Nina Ricci et chez Guy Laroche.

Si la chance sourit aux audacieux, Michel a su trouver celle de rencontrer Elizabeth Taylor, venue épouser Richard Burton à Montréal, et de lui présenter sa collection. Séduite, elle commande plusieurs modèles, et les médias s'emparent de la nouvelle, consacrant du même coup Michel Robichaud «couturier vedette».

La Compagnie Michel Robichaud a maintenant vingt-cinq ans d'existence, mais son propriétaire ne montre aucune prétention. Il m'a reçu avec beaucoup d'amabilité, s'intéressant sincèrement aux tempéraments et posant maintes questions. Il cherche d'ailleurs toujours à réaliser une harmonie dans les rapports humains, et il considère, avec sagesse, qu'on a souvent tort de vouloir avoir raison à tout prix.

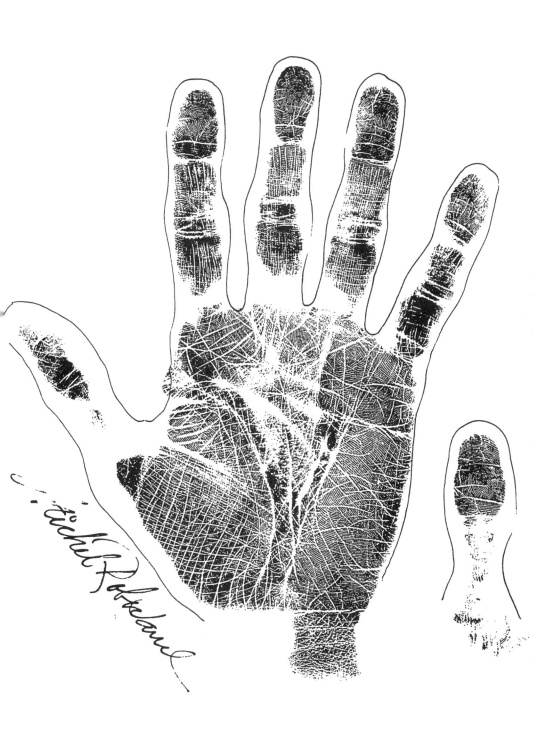

Lise Lebel

Lise Lebel est bien connue des téléspectateurs de Radio-Québec, où elle travaille de manière permanente depuis 1975.

Pour Lise Lebel, comme pour la plupart des NERVEUX, tout est intéressant, et elle s'épanouit dans le plaisir de la diversité des sujets traités. Mais cela ne suffit pas à son bonheur; il faut qu'elle ait de multiples activités: conférencière, animatrice de téléthons, animatrice de colloques, membre de conseils d'administration, présidente d'honneur, etc.

Cette fébrilité s'explique tant par son manque d'énergie que par son trop-plein de dynamisme. Plus elle est active, plus elle est en forme! Se reposer la fatigue, s'activer la dynamise... au travail comme en vacances.

Aussi n'est-il pas étonnant qu'elle ait accompli autant de voyages au Canada, aux États-Unis, au Mexique, en Afrique du Nord, en Europe de l'Est et de l'Ouest, et ailleurs dans le monde. Elle a fait des études en communications sociales à l'université catholique de Louvain en Belgique, pour ajouter à un baccalauréat ès arts et à un baccalauréat en sociologie obtenus au préalable à Montréal.

Cela montre bien l'intérêt des NERVEUX pour les études, occasion enivrante d'apprendre et de comprendre sur un plan théorique: le plaisir suprême de ce tempérament!

Lise Lebel est aussi un exemple intéressant de NERVEUSE ayant une volonté BILIEUSE, ce qui lui donne une grande détermination mais ne lui permet pas d'assumer des responsabilités et une carrière de BILIEUSE.

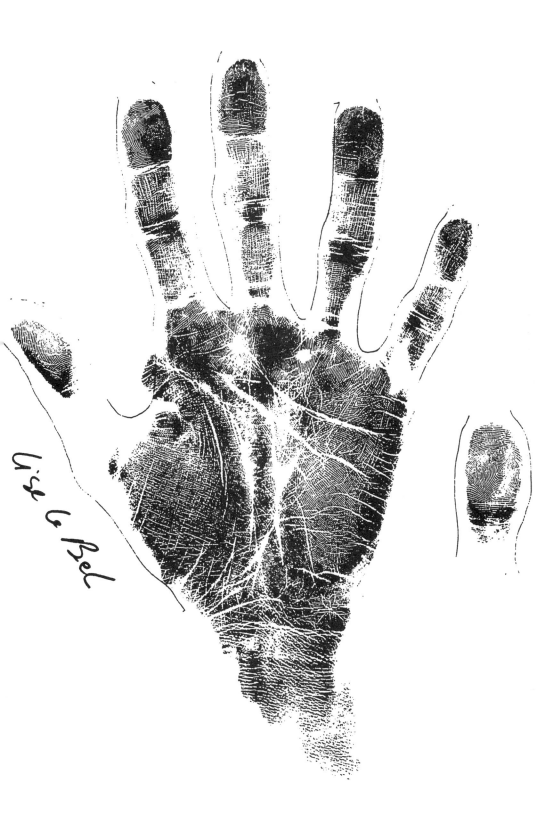

Josette Ghedin

Josette Ghedin est bien connue des milieux féminins pour ses conférences sur «les femmes qui aiment trop».

D'origine française, elle est arrivée au Québec avec son mari, Alain Stanké. L'intérêt des NERVEUX pour les livres l'a conduite, tout naturellement, à travailler dans la maison d'édition d'Alain Stanké, préfaçant des ouvrages, dirigeant une collection, etc.

C'est son grand intérêt pour la psychologie qui l'a amenée à parcourir le Québec pour parler des «femmes qui aiment trop» et former des groupes de réflexion sur ce sujet.

Autrement, Josette Ghedin est plutôt casanière, fuyant l'agitation de la société, et préférant la réflexion et la lecture.

Les amitiés de Josette Ghedin sont sélectives, mais durables parce que fondées sur le respect et la fidélité.

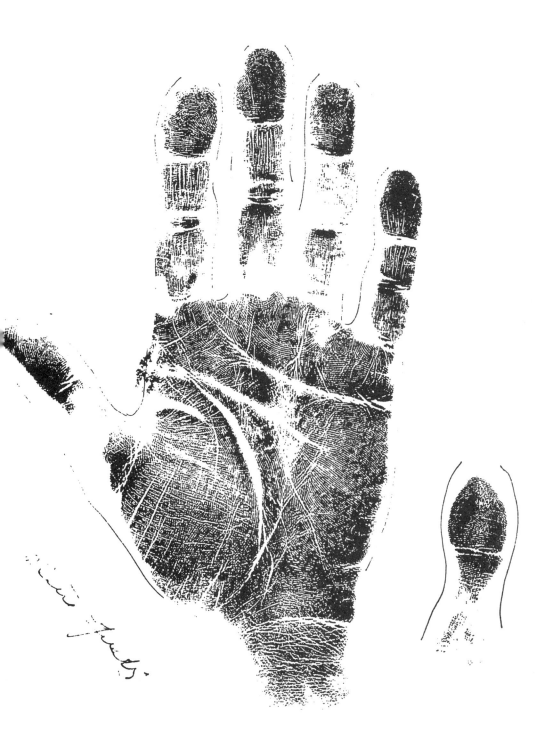

Serge Laprade

Depuis plus de vingt-cinq ans, Serge Laprade a mené conjointement deux carrières complémentaires et imbriquées: la chanson et l'animation de radio et de télévision.

Enfant, il a commencé à chanter dans une manécanterie. Quand il fréquente l'université de Montréal pour faire des études en sciences sociales, il doit parallèlement travailler pour payer les frais de scolarité. Son excellente diction lui permet d'être engagé à CJMS à titre de rédacteur et lecteur de nouvelles.

Par la suite, le premier prix d'un concours d'amateurs et une rencontre avec le producteur de disques Jacques Matti le propulsent définitivement dans la chanson.

Cette carrière qu'il poursuit toujours avec succès, avec une nette prédominance de l'animation actuellement, repose autant sur son travail que sur ce charme particulier que son auditoire semble apprécier. Les téléspectateurs peuvent, depuis douze ans, constater sa fidélité (NERVEUX) au téléthon de la paralysie cérébrale.

Sa prudence de NERVEUX lui fait redouter les investissements boursiers; il n'est pas assez SANGUIN pour cette aventure, et il considère l'immobilier comme un placement plus sûr pour les importants cachets que lui procure son travail.

Grand amateur d'art, il possède une collection de sculptures esquimaudes qui vaut à elle seule une petite fortune. Son incursion récente dans le monde de la politique comme candidat libéral de son comté ne peut être mise sur le compte du goût du pouvoir puisque Serge Laprade n'est pas BILIEUX. Ce serait plutôt un engagement social (SANGUIN) doublé d'un intérêt (NERVEUX) pour un monde qu'il préfère connaître de l'intérieur plutôt que d'en subir passivement les effets.

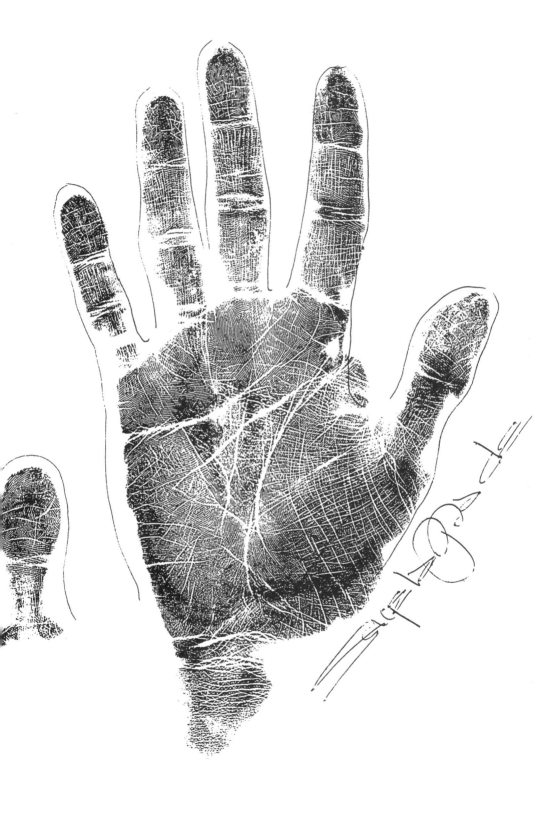

Sylvie Bernier

Première médaillée d'or canadienne au tremplin de trois mètres aux Jeux Olympiques de Los Angeles en 1984, Sylvie Bernier a plongé depuis dans la notoriété... et dans le monde de la communication.

«Ma carrière de plongeuse a été ce que j'ai connu de plus beau dans ma vie», dit-elle. Sur le choix de ce sport, Sylvie évoque le rôle du hasard, qui l'y a conduit.

Issue d'une famille de sportifs, Sylvie Bernier voulait suivre un cours de gymnastique mais ne put le faire car le groupe était complet. Qu'à cela ne tienne! se dit-elle. Le groupe du cours de plongeon dispensé au même endroit n'était pas complet, et elle s'y inscrivit.

Au sujet des qualités nécessaires pour gagner une médaille, Sylvie Bernier explique qu'elle a toujours considéré que les meilleures plongeuses ont toutes les mêmes capacités physiques et les mêmes talents. La différence essentielle, précise-t-elle, c'est la préparation psychologique. Cet élément est d'autant plus primordial pour elle que, en tant que NERVEUSE, elle n'a pas le goût de la compétition, et elle considère qu'elle se bat d'abord contre elle-même. Mais elle a également beaucoup de facilité à se motiver intellectuellement car c'est une femme de tête.

Ce n'est pas pour rien qu'elle a choisi, par la suite, d'animer des émissions de télévision n'ayant pas nécessairement de rapport avec le sport. Sa grande curiosité et son sens critique lui permettent de s'intéresser à fond à de nombreux sujets (NERVEUX). Elle fait d'ailleurs des études de marketing et prend un grand plaisir à participer à la conception des campagnes de publicité auxquelles son image de championne est associée. C'est dans ce domaine-là qu'elle compte maintenant faire carrière.

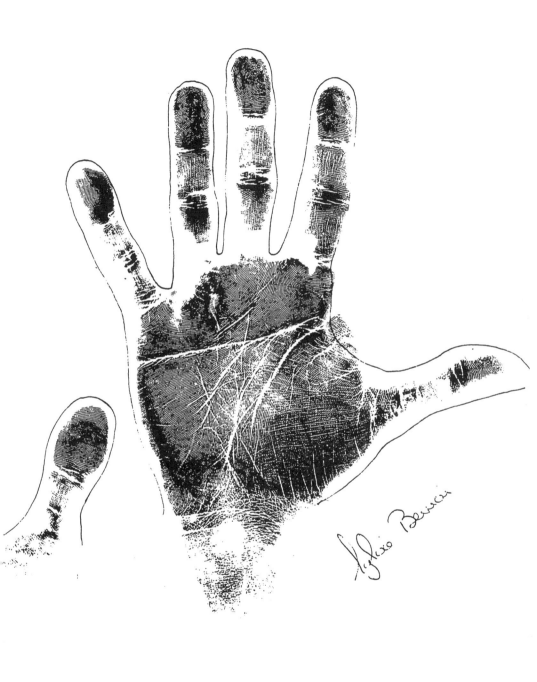

LES NERVEUX-BILIEUX

Lise Bacon

Lise Bacon s'est montrée d'emblée très intéressée à connaître les compétences de la chirologie à travers l'analyse de ses mains. Il faut dire que son tempérament NERVEUX dominant la rend particulièrement curieuse de tout ce qui se rapporte à la psychologie. D'ailleurs, avant d'entreprendre sa carrière, elle a fait des études en sociologie, en économie politique et en psychologie à l'Institut Albert-Thomas de Chicoutimi.

Autant ses études ont mis en évidence la dominance de son tempérament NERVEUX, autant les choix qui jalonnent sa carrière semblent dépendre plutôt de son tempérament BILIEUX. Elle se définit d'ailleurs comme une administratrice. Elle fut ainsi, successivement, présidente de la Fédération des Femmes libérales du Québec en 1967, présidente du Parti libéral du Québec de 1970 à 1973, ministre des Consommateurs, Coopératives et Institutions financières, députée, juge à la Cour de la Sécurité canadienne, etc.

Aujourd'hui, dans le gouvernement Bourassa, Madame Lise Bacon est Vice-Première ministre et ministre des Affaires culturelles. Deux postes qui lui conviennent particulièrement puisque la culture satisfait à la fois son tempérament NERVEUX et son tempérament SANGUIN, et que son tempérament BILIEUX lui confère une grande capacité de gestion.

Les trois tempéraments de Lise Bacon lui donnent une polyvalence intéressante dans son métier, le NERVEUX lui apportant la facilité de conception, le SANGUIN la sociabilité, et le BILIEUX toute la rigueur nécessaire à ses responsabilités.

Sa riche personnalité n'en est ainsi que plus épanouie!

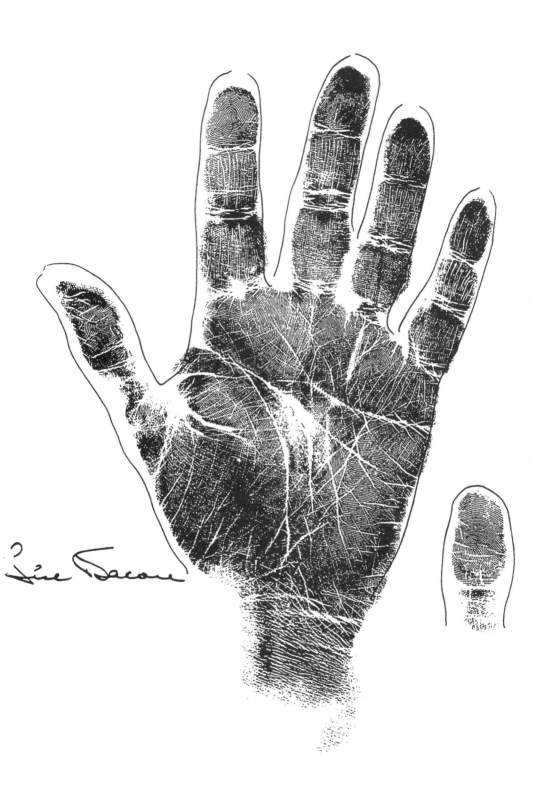

Marguerite Blais

À l'instar de Louise Deschatelets, Marguerite Blais ne se destinait pas particulièrement à être animatrice. Mais ses parents voulurent pour elle une éducation qui soit la plus complète possible, comprenant, entre autres, des cours de piano, de diction et de ballet. Il faut dire qu'ils avaient dû attendre plusieurs années avant d'avoir leur premier enfant, qu'ils ont donc particulièrement choyé.

C'est le concours de Miss Québec qui propulse Marguerite Blais à l'avant-scène, et elle remporte par la suite le concours des «Jeunes talents Catelli» en tant que musicienne. Finalement, c'est la radio et la télévision qui donnent à sa carrière sa véritable orientation.

C'est un métier qui lui convient parfaitement, parce qu'elle a l'esprit très vif, une grande curiosité, et une capacité d'écoute remarquable qui met tout de suite à l'aise les interviewés, au point de leur faire oublier micros et caméras.

De sa vie privée, elle parle assez peu, si ce n'est pour dire la joie qu'elle a eue d'adopter deux enfants péruviens, Cécilia et Carlos.

C'est d'abord une mère attentive, qui cherche à donner le meilleur d'elle-même à ses enfants, mais qui fait preuve aussi de beaucoup d'autorité BILIEUSE pour canaliser l'énergie de son fils. Elle apprécie la complémentarité des tempéraments entre elle et son époux. Celui-ci étant SANGUIN dominant, il prend en charge des tâches qu'elle a un peu de difficulté à accomplir naturellement.

Femme de tête mais aussi femme de cœur, elle s'engage dans de nombreuses campagnes de bienfaisance. Elle a une personnalité très attachante, sachant manifester une grande gentillesse à l'endroit de tous les gens avec qui elle se trouve en contact.

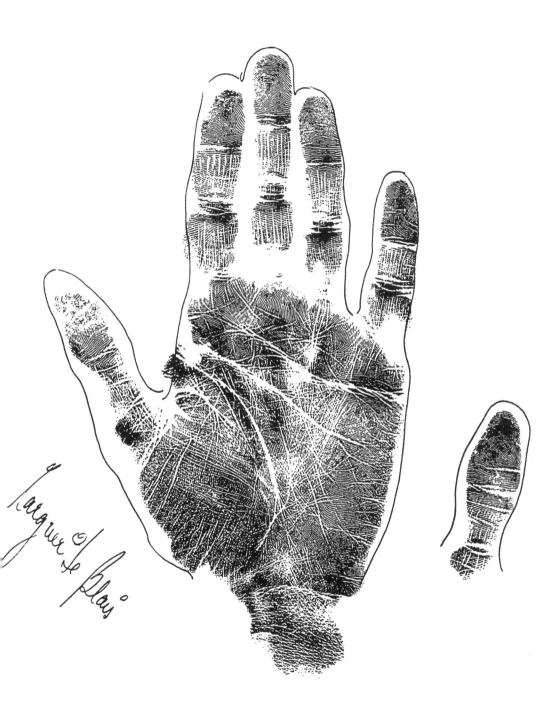

Clément Richard

Comme la majorité des NERVEUX, Clément Richard aime comprendre et conseiller. Aussi fit-il des études de droit et commença-t-il une carrière d'avocat.

Son intérêt pour l'art et la communication ainsi que son engagement en politique lui permettront par la suite d'assumer des responsabilités dans le gouvernement du Québec: ministre des Communications, ministre des Affaires culturelles, etc.

Après le retour au pouvoir des libéraux, Clément Richard quitte la politique pour se consacrer à l'art et à la communication dans l'entreprise de Bernard Lamarre, Lavalin, où il occupe le poste de vice-président du marketing.

Aujourd'hui, il est président général de Lavalin Communications et organise le mécénat et la commandite de l'entreprise.

Cette activité lui permet d'exprimer son intérêt pour l'art (NERVEUX-SANGUIN) et d'exercer ses capacités d'administrateur (BILIEUX), de conseiller (NERVEUX) et de communicateur (SANGUIN).

C'est un homme très affable qui cherche tout de suite à établir une relation de confiance et qui montre d'emblée un grand intérêt pour les sujets qui lui sont exposés. Il est, de plus, toujours encourageant pour les projets nouveaux.

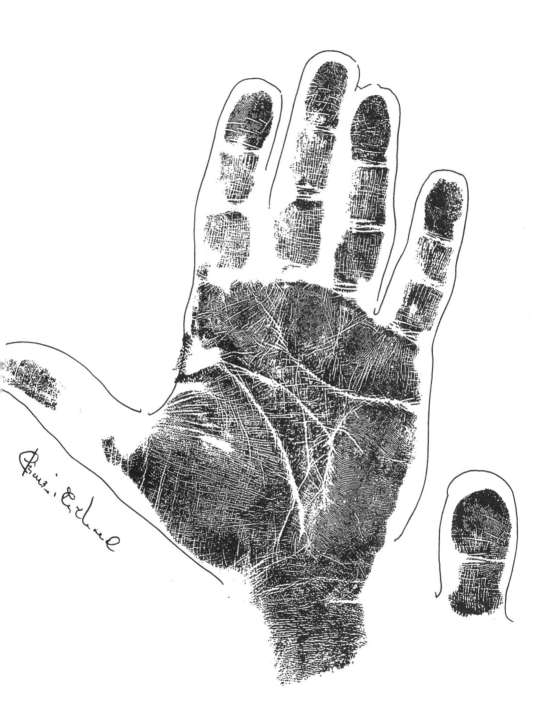

LES BILIEUX-NERVEUX

Maryvonne Kendergi

Cette pianiste de renommée internationale, née en Arménie et ayant vécu à Paris, mit fin en 1956 à sa carrière d'interprète pour en commencer une autre qui dure toujours: la défense de la musique, et particulièrement de la musique contemporaine.

La nécessité de donner aux idées (NERVEUX) une suite concrète et structurée (BILIEUX) lui fit fonder la Société de Musique contemporaine. La force de son engagement et son désir de soutenir les milieux artistiques la font participer aux destinées de nombreux organismes tels que le Conseil canadien de la Musique, la Société pour l'Avancement des Sciences musicales, le Conseil du Théâtre de la Communauté urbaine de Montréal, etc.

Cela ne l'empêche pas d'être très autonome (BILIEUX) et indépendante (NERVEUX). «Sans doute est-ce pour cela que je suis restée célibataire», avoue-t-elle sans regret et avec malice.

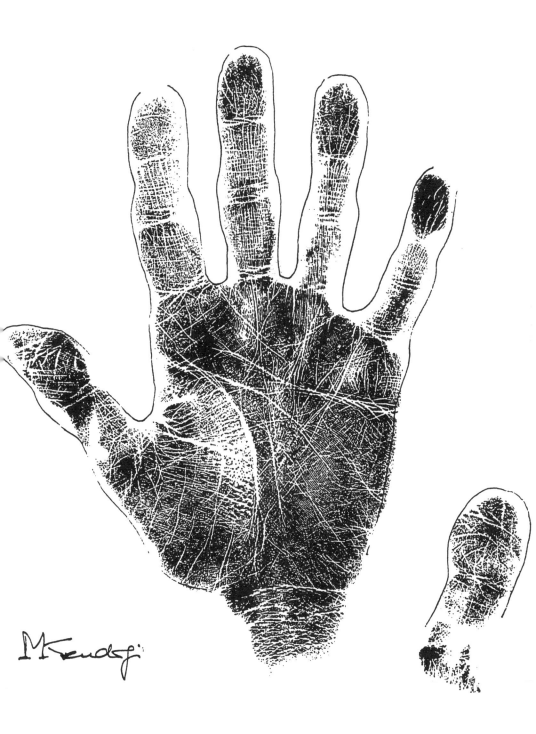

Raymond Beaugrand-Champagne

Il y a de la constance chez les BILIEUX. Raymond Beau-grand-Champagne en constitue un vivant exemple avec l'émission de télévision *Rencontres*, dont il est, depuis les tout débuts de l'émission, il y a dix-sept ans, le réalisateur, mettant ainsi ses talents au service de la foi.

Il assume également l'activité de recherche, véritable travail de bénédictin, qui satisfait son côté NERVEUX, dont la curiosité et le désir de se cultiver sont sans limites. L'intérêt de ce «communicateur engagé» — comme il se qualifie — ne se borne pas à la religion. Il s'intéresse énormément à l'histoire et aux sciences humaines, et il lit beaucoup. Amateur d'art, c'est un collectionneur. Sans doute est-ce pour cela qu'il demeure assez casanier, se plaisant à vivre au milieux des objets et tableaux que son œil averti a dénichés ici et là.

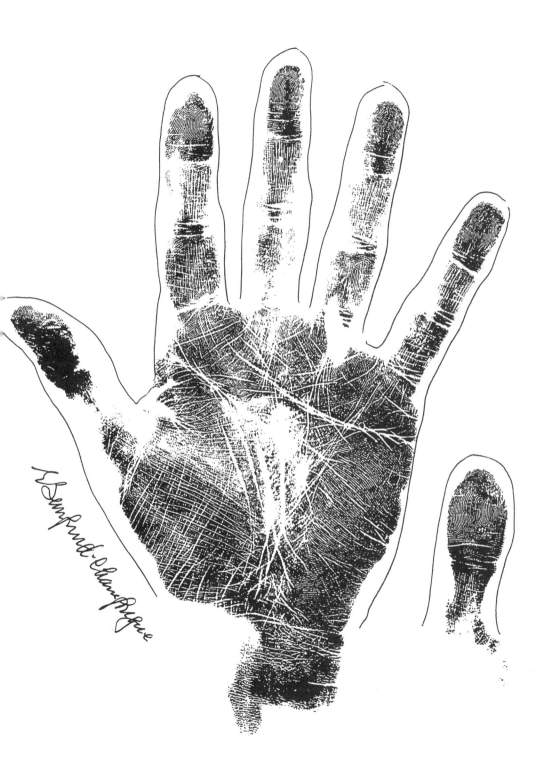

Gratien Gélinas

Deux tempéraments très cérébraux font de Gratien Gélinas un homme de volonté, de devoir et de raison. Son amour-propre de BILIEUX le porte à vouloir avoir raison... mais il avoue devenir diplomate avec l'âge.

«J'aurais pu être prêtre ou avocat, dit-il, cela requiert en commun avec mon métier de comédien quelques qualités oratoires.» Bon nombre de comédiens sont de tempérament NER-VEUX comme lui; ils peuvent par là exprimer leur créativité réactive et leur capacité d'interprétation. Mais cela ne peut satisfaire pleinement le côté BILIEUX de Gratien Gélinas, qui a besoin de produire, de réaliser et de laisser du concret derrière lui. Aussi est-il également auteur de pièces et de scénarios.

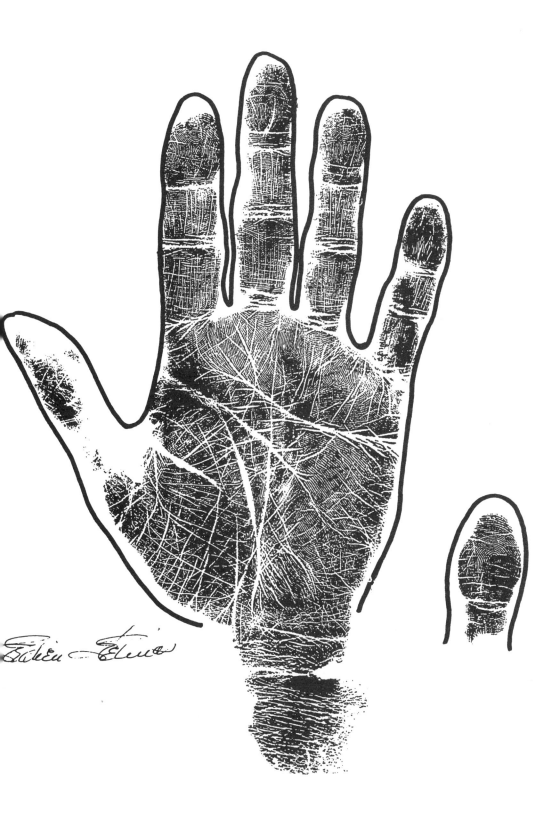

LES BILIEUX-SANGUINS

Jean Cournoyer

La trajectoire professionnelle de Jean Cournoyer montre combien motivante est la difficulté pour un BILIEUX. Grâce à son leadership naturel, qui est inhérent à ce tempérament, il a réussi à imposer le respect dans les nombreux conflits de travail qu'il a dû régler, au début de sa carrière. Ce même leadership le conduisit finalement à jouer un rôle politique de premier plan.

Quelle que soit la fonction qu'il exerce, Jean Cournoyer ne se donne pas le droit à l'erreur. Un mélange de prudence, de perfectionnisme et d'amour-propre en est l'explication.

Son intelligence synthétique lui donne une compréhension globale des problèmes à résoudre.

Secret comme bon nombre de BILIEUX, Jean Cournoyer préfère que l'on s'intéresse à ce qu'il fait plutôt qu'à ce qu'il est.

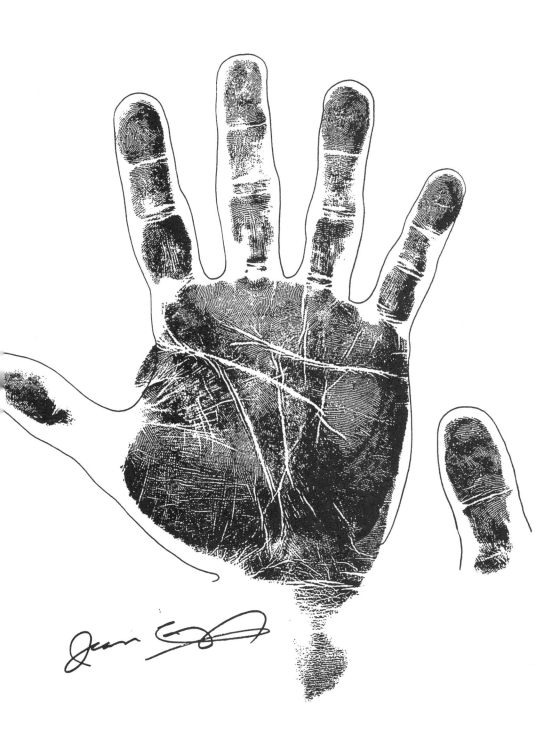

Jean Paré

Jean Paré est un homme entreprenant, comme le sont souvent les BILIEUX. Sa trajectoire professionnelle en témoigne.

Il a été rédacteur en chef de l'hebdomadaire *Vrai*, puis a travaillé à Bruxelles pour le ministère canadien de l'Industrie et du Tourisme en 1958. Retour au journalisme, à *La Presse* d'abord, puis à *La Patrie*. Nouvelle incursion dans le monde politique: de 1964 à 1966, il est secrétaire d'information du ministre de l'Éducation Paul Gérin-Lajoie.

À partir de 1967, Jean Paré opte définitivement pour le journalisme (NERVEUX-BILIEUX). Les BILIEUX ayant besoin de laisser quelque chose de concret derrière eux, il n'est pas étonnant qu'au sein du groupe Maclean Hunter Jean Paré soit le directeur-fondateur du magazine *L'Actualité*.

Ajoutons à cela qu'il a été président de la Commission d'études sur l'accès à l'information et président de la Fondation nationale des Magazines. De plus, il est depuis 1986 le vice-président de Maclean Hunter pour le Québec.

En observant cette carrière, on voit sans peine que le BILIEUX a besoin, pour s'épanouir, de présider, d'organiser et d'évoluer au sein d'une structure hiérarchisée qui lui permet de jouir d'une certaine autorité.

Très intéressé par le système des tempéraments, Jean Paré me fit part de son regret de ne pas mieux le connaître: cela lui aurait, dans certains cas, permis de mieux choisir ses collaborateurs, avoue-t-il.

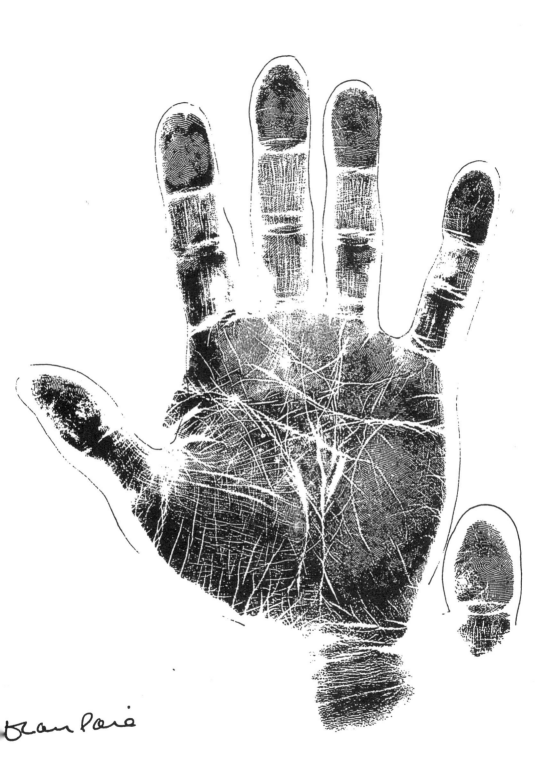

Jean Paré

Michel Gratton

Une carrière prestigieuse et bien remplie n'a pas entamé la gentillesse et la simplicité du ministre Michel Gratton, qui me reçoit dans son bureau du ministère du Tourisme à Québec.

Né à Hull, Michel Gratton termine ses études en génie civil à l'université McGill en 1960. Interrogé sur ce choix, le ministre avoue qu'avec un certain recul, si c'était à refaire, il aurait préféré des études en relation avec l'art, la psychologie ou le social.

Au cours des douze années suivantes, Michel Gratton, conformément à sa compétence de BILIEUX, occupe divers postes de direction dans différentes entreprises de Toronto, d'Ottawa et de Montréal.

Puis il fait son entrée en politique. Il devient député provincial, et il sera réélu en 1976, 1981 et 1985. Le mouvement Québec-Canada a été fondé par lui en 1977.

Dans le gouvernement Bourassa, il assume les responsabilités de ministre du Tourisme, de ministre du Revenu et de ministre délégué à la Réforme électorale, auxquelles s'ajoute le rôle de leader parlementaire du gouvernement.

Malgré leur nombre, Michel Gratton s'acquitte de ces tâches avec la grande capacité de travail du BILIEUX, ainsi que la passion et l'optimisme du SANGUIN. Pour mener à bien ce qu'il entreprend, il peut compter sur une volonté sans faille et un réel perfectionnisme (BILIEUX).

Ce pragmatisme ne l'empêche pas d'être imaginatif, mais l'imaginaire constitue surtout une sorte de refuge pour son idéalisme. Enfin, la famille est une valeur très importante pour lui.

Ce qui explique peut-être qu'après dix-huit ans de vie politique, Michel Gratton ait décidé, en juin 1989, de démissionner de son poste de ministre et de ne pas se représenter aux dernières élections provinciales.

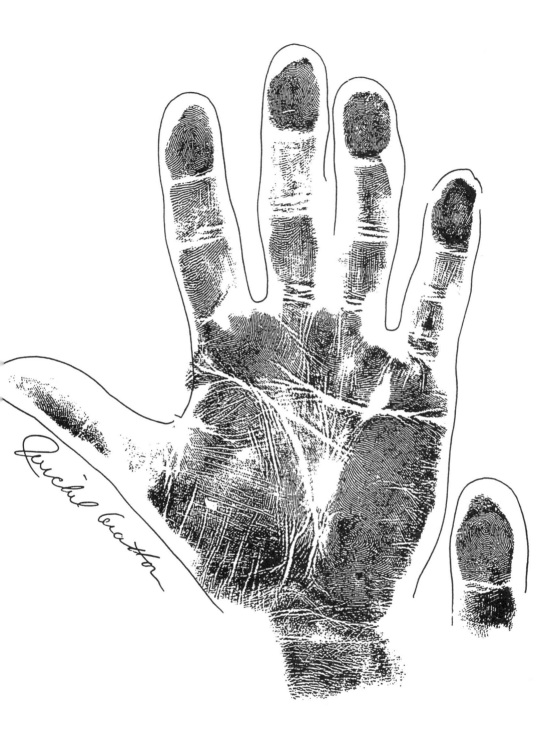

Roger Drolet

Considérant la passion avec laquelle il converse avec ses auditeurs à son émission *Le Monde selon Roger Drolet*, on ne peut nier qu'il a du plaisir à exercer ce métier. Et comme un BILIEUX digne de ce nom, c'est-à-dire perfectionniste, Roger Drolet a bien approfondi ses deux chevaux de bataille: les deux dimensions (sexe et tendresse) et le «bag» (courant de pensée majoritairement répandu). Il s'en sert comme points de repère pour mener des discussions sans cesse renouvelées.

Il a la conviction d'un prêcheur qui veut convertir. D'ailleurs, Roger Drolet aurait aimé être prêtre séculier... Serait-ce une séquelle de son passage au séminaire entre 13 et 19 ans?

Quoi qu'il en soit, Roger Drolet, un individu très casanier, est paradoxalement un conférencier très demandé... et également un compagnon de voyage très apprécié. Il a ainsi, en accompagnant des groupes, visité quarante-cinq pays. Il trouve là le moyen de manifester son paternalisme (BILIEUX) et de satisfaire son besoin de se sentir utile (SANGUIN).

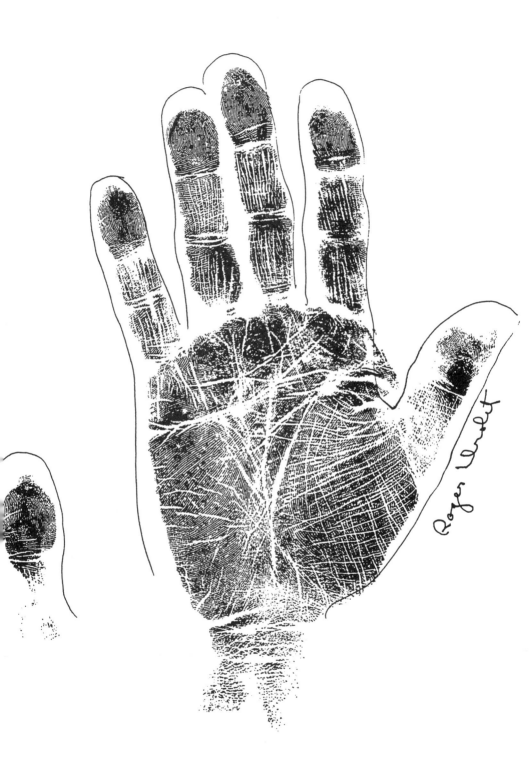

Roger Verlet

Jacques Languirand

Jacques Languirand est surtout connu du public comme animateur de radio et de télévision. Il est vrai que son émission radiophonique *Par quatre chemins* a déjà dix-sept ans d'existence.

Mais Jacques Languirand est avant tout un homme de communication extrêmement productif (BILIEUX) et polyvalent (SANGUIN). Il a écrit plusieurs ouvrages, dont un roman, un livre d'humour et dix pièces de théâtre; certaines de celles-ci ont été jouées à l'étranger.

Comme il ne peut s'empêcher de tout explorer, il a également été metteur en scène (BILIEUX) et comédien (SANGUIN). Il a même rempli diverses fonctions administratives dans le milieu du théâtre et dans des organisations culturelles... pour finalement fonder son propre théâtre: le Théâtre de Dix-Heures.

Ce besoin de communiquer, il l'a également manifesté dans le domaine de l'éducation en étant professeur invité dans plusieurs institutions et universités canadiennes, après avoir enseigné durant douze ans la communication à l'université McGill.

Depuis quelques années, Jacques Languirand s'est tourné vers la psychothérapie et la croissance personnelle. Il continue d'écrire des livres, et, pour ne dépendre de personne — BILIEUX oblige —, il a créé sa propre maison d'édition.

Jacques Languirand se considère comme un artisan qui, lentement mais sûrement, construit et se construit (BILIEUX).

Paternaliste, il décrit son comportement à cet égard comme étant plus manipulateur qu'autoritaire. Il accorde beaucoup d'importance aux liens d'amitié mais préfère inviter ceux qu'il aime chez lui (contrôle BILIEUX de la situation) plutôt que d'aller chez les autres.

Bien qu'il soit BILIEUX dominant, Jacques Languirand considère la liberté (SANGUIN) comme plus indispensable à son épanouissement que l'autonomie (BILIEUX). Cela est venu avec l'âge, mais c'est sans doute aussi la raison de sa polyvalence: s'investir partout pour n'être prisonnier nulle part!

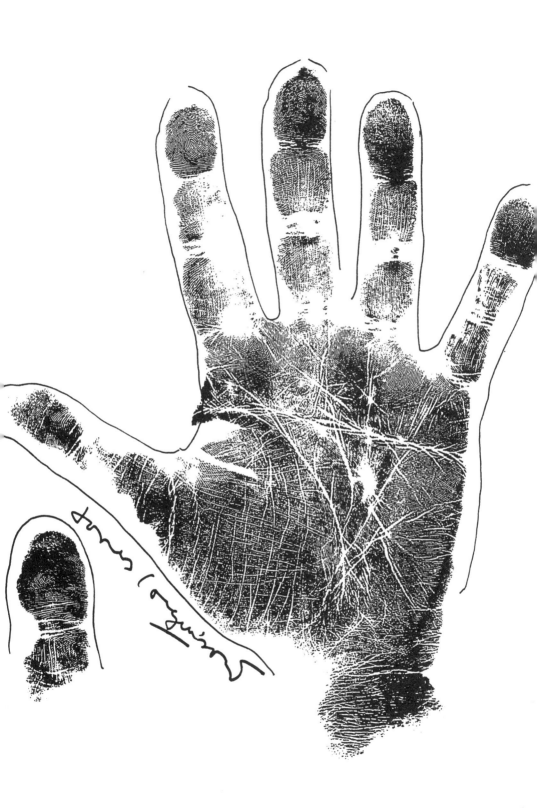

Guy Boucher

Dans la première partie de sa carrière, Guy Boucher a eu une trajectoire professionnelle, une réussite et un comportement plutôt dignes du tempérament SANGUIN.

Il semblerait qu'il ait d'abord cherché l'estime du public (le SANGUIN a besoin de se sentir aimé), laissant de côté sa capacité de construire, de concrétiser, de protéger, d'administrer (BILIEUX).

Les SANGUINS aiment l'argent parce qu'ils aiment le dépenser en jouissant pleinement des plaisirs de la vie, et ils aiment également en faire profiter leurs amis et connaissances. On sait que Guy Boucher a su gagner beaucoup d'argent et qu'il le dépensait avec beaucoup de générosité, se souciant plus du présent que du futur.

Puis il y eut l'événement que l'on sait, et la conversion de Guy Boucher, à la surprise générale. Il prit alors conscience qu'«il peut y avoir dans la vie d'autres valeurs que le succès et l'argent».

Après s'être «retiré du monde» pendant quelque temps, Guy Boucher revint devant les caméras pour gagner sa vie de nouveau, mais ses loisirs avaient radicalement changé: il ne sortait plus, ne fumait plus, ne buvait plus, ne regardait plus la télévision... et préférait utiliser son temps à lire ou à discuter avec des gens pleins de sagesse.

La productivité de son tempérament BILIEUX ayant besoin de se manifester, il réalisa un reportage sur une communauté religieuse qui le touchait particulièrement, reportage qui fut télédiffusé au réseau Quatre-Saisons. Souhaitons que Guy Boucher prendra d'autres initiatives BILIEUSES propres à faire s'épanouir cette partie de son tempérament.

La différence dans le comportement de Guy Boucher avant et après sa conversion illustre bien les deux types de personnes peuplant notre planète: celles qui sont esclaves de leur tempérament — c'est-à-dire de leurs instincts — et celles qui en sont maîtres.

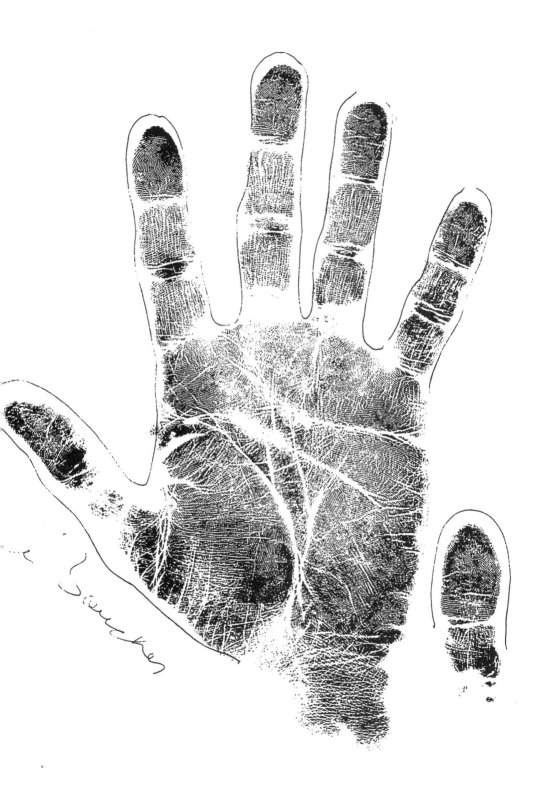

Docteur Raymond Lafontaine

Qui ne connaît pas la classification «auditifs-visuels»? C'est la référence à laquelle est rattachée la renommée internationale du docteur Lafontaine.

Né à Montréal, Raymond Lafontaine a fait ses études de médecine à l'université de Montréal. Puis il se spécialisa très tôt en neurologie infantile à l'hôpital Sainte-Justine. Par la suite, il devint professeur agrégé en pédiatrie à la faculté de médecine de l'université de Montréal.

Dans les années qui suivirent, il a fait partie de maints groupes de recherche au Canada et aux États-Unis.

C'est ainsi qu'il parvint, dans ses recherches sur le développement de très jeunes enfants, à identifier deux types de nourrissons, les auditifs et les visuels, et, par la suite, deux types d'adultes. Ce concept fait présentement l'objet d'études un peu partout et est utilisé en pédagogie, en thérapie familiale et pour les ressources humaines dans l'entreprise.

À cause de son tempérament BILIEUX, il se devait de laisser des écrits sur ses recherches (NERVEUX-BILIEUX). Aussi est-il coauteur de quelques livres à l'intention des parents sur ce modèle de communication qu'il a grand plaisir (SANGUIN) à faire connaître par les nombreuses conférences que sa renommée internationale lui permet de faire à travers le monde.

Aujourd'hui, il partage son temps entre la clinique de neurologie de l'hôpital Sainte-Justine et la pratique privée. Son côté SANGUIN en fait un bon vivant qui demeure néanmoins assez casanier (BILIEUX).

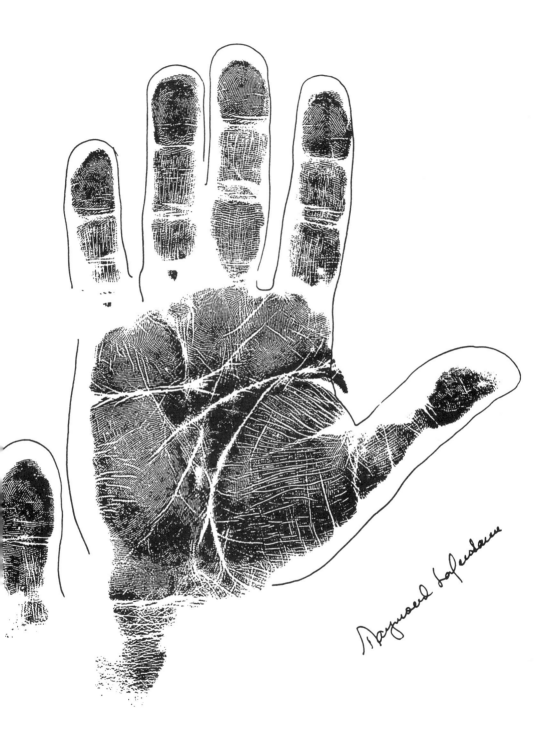

Marcel Brisebois

Ce «prêtre qui travaille», comme il se définit lui-même, est connu du grand public surtout par sa carrière d'animateur à Radio-Canada, et ce depuis trente ans et dans plusieurs émissions. Actuellement, il est l'interviewer de l'émission religieuse et culturelle *Rencontres*, que Raymond Beaugrand-Champagne réalise depuis 1971.

Né à Valleyfield, Marcel Brisebois est prêtre de ce diocèse depuis 1958. Sa capacité de direction et d'administration (BILIEUX) le poussa progressivement à s'engager dans des comités dans les domaines de l'éducation et de l'art. C'est ainsi que, après avoir été professeur de philosophie, il devint directeur adjoint du service pédagogique du collège de Valleyfield, et ensuite assuma la responsabilité de secrétaire général de ce même collège jusqu'en 1985.

À cette date, il fut nommé directeur général du Musée d'Art contemporain de Montréal. Cette nomination fut, bien entendu, précédée de plusieurs années d'engagement culturel: membre du conseil d'administration et du comité exécutif du Musée des Beaux-Arts de Montréal, membre fondateur de l'Écomusée des Deux-Rives, vice président de la Société Pro-Musica, président du Regroupement des Directeurs de Musée montréalais.

Bien que son métier le mette plus particulièrement en contact avec la peinture et la sculpture, Marcel Brisebois s'intéresse à toutes les formes d'art. C'est un esthète raffiné.

On peut observer qu'il a su mettre à profit les compétences de ses deux tempéraments: BILIEUX pour l'administration et SANGUIN pour l'enseignement et l'animation.

Sur son rôle de prêtre, Marcel Brisebois déclare: «Mon sacerdoce, c'est tout ce que je vis à chaque instant de ma vie. Je prêche chaque dimanche, mais, dans la semaine, mes autres occupations me permettent des rencontres inhabituelles avec des gens qui ne verraient jamais un prêtre autrement. Ils comprennent ainsi qu'un prêtre peut être autre chose qu'un curé.»

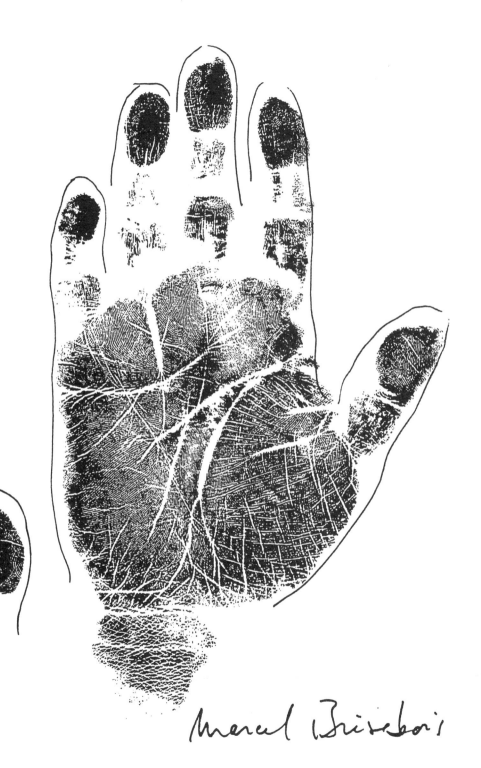

Marcel Brisebois

Ambroise Lafortune

La renommée du père Ambroise Lafortune dépasse largement les frontières du Québec, et quantité de téléspectateurs à travers la francophonie connaissent sa bonne humeur.

Né à Montréal en 1919, Ambroise Lafortune a étudié dans tous les collèges jésuites de la ville! Le scoutisme lui permet de développer sa passion (SANGUIN) des voyages et sa capacité d'encadrement (BILIEUX-SANGUIN). Parmi les anciens de sa troupe figurent bon nombre d'hommes politiques encore en fonction aujourd'hui, des artistes, des administrateurs.

Après des études de théologie à Montréal, il est ordonné prêtre à la Martinique en 1945. Situation dont il tire grandement avantage: «Vivant à Montréal pour des raisons de santé, je n'ai aucun compte à rendre aux autorités ecclésiastiques du Canada. Et lorsque je suis en Martinique, c'est la même chose, parce que l'évêque dont je dépends a été mon élève... Le BILIEUX-SANGUIN que je suis se sens donc libre et autonome!»

Par la suite, Ambroise Lafortune a été aumônier des étudiants à l'université de Montréal, curé d'une paroisse ouvrière de Montréal, et toujours «grand voyageur devant l'Éternel».

En 1954, l'émission *Pays et merveilles* lui donne l'occasion de débuter à la télévision. Par la suite, il a sa propre émission, *Les Voyages du père Ambroise*.

S'il est homme d'action, Ambroise Lafortune est aussi homme de pensée: «À défaut d'être prêtre, j'aurais été journaliste de combat. J'ai trop besoin de donner mon avis... et je n'ai jamais tort...!», précise-t-il avec le ton assuré du BILIEUX et le visage enjoué de la fausse modestie.

Il a cependant rédigé de nombreux ouvrages: romans, récits de voyages, et une autobiographie.

Son talon d'Achille est l'émotivité. C'est la raison pour laquelle il est aussi souple dans son comportement émotif qu'il est têtu dans ses convictions intellectuelles.

En définitive, la volupté et la passion SANGUINES de ses récits sont le paravent protecteur de l'émotivité que réclame le BILIEUX qui ne peut se permettre aucune vulnérabilité.

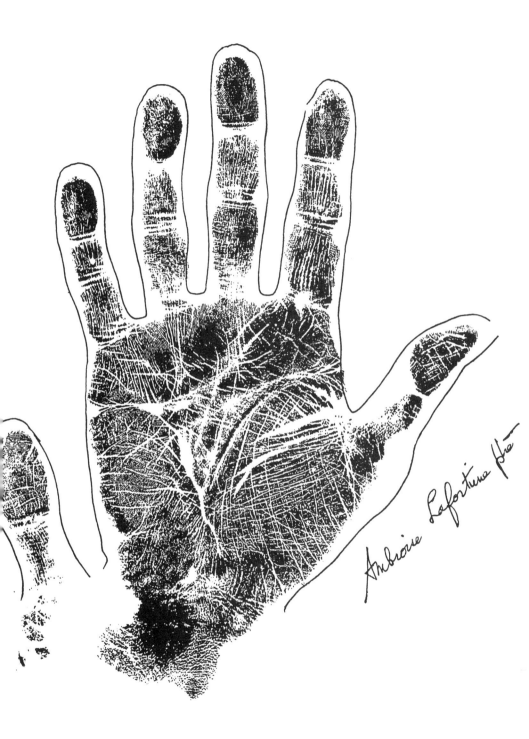

Ambroise Lafortune ptre

Jean-Guy Moreau

Chacun sait que Jean-Guy Moreau est un «chasseur de têtes»... De têtes d'affiche, s'entend!

C'est une activité qu'il commence à l'âge de 15 ans en imitant Georges Brassens devant cinq cents personnes. Deux ans plus tard, en 1960, il ouvre, en compagnie de son ami Robert Charlebois, l'une des premières boîtes à chansons du Québec, le Saranac.

Cette initiative est déjà l'expression précoce de sa capacité BILIEUSE d'entreprendre et de construire en toute autonomie... et avec paternalisme. Perfectionniste, Jean-Guy Moreau décide alors d'apprendre la guitare pour mieux imiter ses victimes, dont la plupart sont du domaine de la chanson.

Le succès croissant de ses spectacles au cours des années l'amène à enregistrer sur disque ses propos sur «Tsordaffaires» et a en faire la production.

Aimant les défis (BILIEUX), Jean-Guy Moreau s'essaie au théâtre, au cinéma, et même à la mise en scène, une compétence bien naturelle pour un BILIEUX. Par la suite, la chanteuse Fabienne Thibault lui confie la mise en scène d'un de ses spectacles. Il est également animateur sur les ondes de CKLM pendant six mois.

Ses activités sont si diverses qu'on se demande ce qu'il n'a pas fait. Cela est dû à une polyvalence toute SANGUINE canalisée par une ténacité très BILIEUSE. Une bonne combinaison pour réussir.

Jean-Guy Moreau reconnaît aisément que ce tempérament BILIEUX, dont la détermination est un atout, le rend quelque peu intransigeant dans le quotidien.

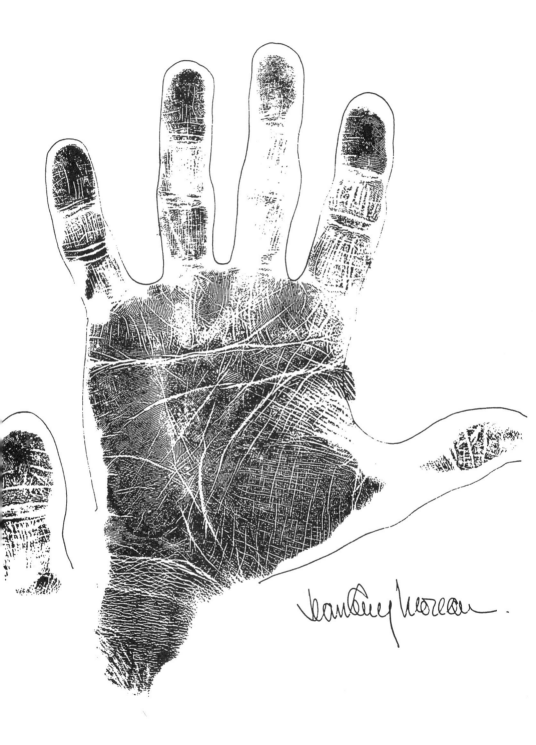

Gabriel Gascon

Gabriel Gascon est très impulsif, mais il se maîtrise très vite, affirme-t-il, en BILIEUX.

Toujours est-il que sa carrière semble avoir été plus une suite de choix passionnés et impulsifs qu'une trajectoire rigoureuse motivée par la popularité.

Gabriel Gascon a ainsi fait carrière au Québec, puis, suivant l'élan de son cœur, en France, puis de nouveau au Québec, parfois en tandem avec son frère Jean. De tous ses voyages, Gabriel Gascon conclut: «Je suis un casanier voyageur.» Il est en effet assez casanier, aimant les joies familiales et tout particulièrement s'occuper de ses plus jeunes enfants. À ce sujet, ce patriarche, tel qu'il se définit, comprend que son tempérament BILIEUX peut le rendre autoritaire au point de susciter la crainte chez ses enfants. Mais, ayant subi lui-même le désagrément de l'autorité paternelle, il essaie, autant que possible, de maîtriser son autoritarisme et d'établir plutôt une relation de confiance.

Dans son métier de comédien également, il supporte mal l'autorité, mais il se refuse à faire de la mise en scène, car diriger les autres l'ennuie.

Sur son jeu de comédien, il précise qu'il est plus interprète qu'improvisateur, ce que confirme son tempérament BILIEUX. S'il s'adonne parfois à l'improvisation, c'est uniquement chez lui et sans spectateurs.

Interrogé sur la politique, il déclare que c'est la chose qui l'intéresse le plus après le théâtre... mais il ne sait pas comment l'aborder. Il ajoute que s'il avait eu à choisir une autre voie, il aurait fait des études de droit et se serait lancé en politique.

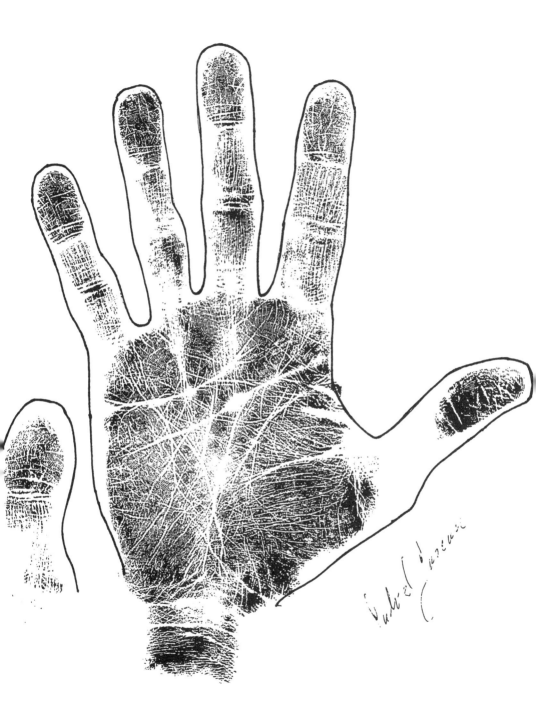

Alain Stanké

Chacun associe, bien sûr, le nom d'Alain Stanké à la populaire émission de télévision *Les Insolences d'une caméra.*

Mais Alain Stanké, c'est aussi bien d'autres choses, dont il est encore plus fier: une maison d'édition, une société de production audio-visuelle, et également une quinzaine de livres en tant qu'auteur, des reportages, des articles diffusés à travers le monde, des distinctions prestigieuses... Bref, c'est la réussite spectaculaire d'un immigrant arrivé au Canada en 1951.

L'histoire d'Alain Stanké débute à Kaunas, en Lituanie. Les péripéties et les atrocités de la Deuxième Guerre mondiale obligent sa famille à quitter sa terre natale alors qu'il avait 10 ans. Il se retrouve dans un camp de concentration mais il en réchappe. On peut penser que sa forte constitution de BILIEUX lui a permis de supporter moins difficilement que d'autres les situations si éprouvantes qu'il a vécues.

Il séjourne six ans en France, puis émigre au Canada à 17 ans. Non content d'avoir réussi tant dans les médias d'information que dans l'édition, il est profondément engagé dans la vie sociale et culturelle de Montréal: il est juge de paix du District de Montréal, membre de l'Association des Amis du Musée des Beaux-Arts, membre du conseil d'administration de l'Orchestre symphonique de Montréal, membre d'Amnesty International... et la liste est encore longue.

Il va de soi qu'avec un tel tempérament Alain Stanké avait tout pour réussir. Mais les dures épreuves qu'il a traversées durant la guerre n'ont fait que décupler son appétit de vivre et son envie de réussir. Aujourd'hui, à 55 ans, il paraît toujours aussi passionné, prêt à entreprendre et à construire, et son regard est toujours aussi malicieux...

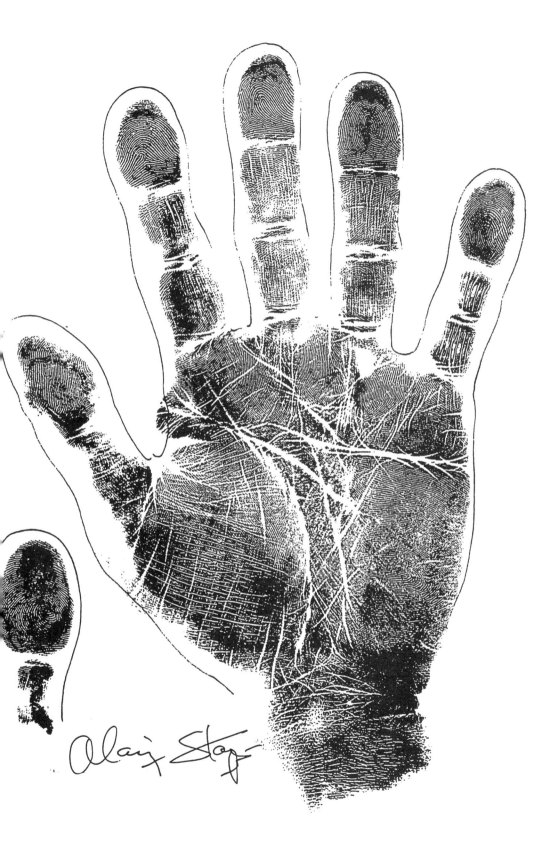

Guillaume Lemay-Thivierge

Il est bien rare qu'un BILIEUX accepte longtemps de travailler dans un contexte dont il n'est pas le maître. À l'instar de Pierre Richard, dont les mains présentent les mêmes caractéristiques, Guillaume Lemay-Thivierge éprouvera rapidement la nécessité d'être le réalisateur et même le producteur des films dans lesquels il jouera. Ce n'est pas l'ambition qui manque chez ce BILIEUX plein d'énergie et de ténacité. Tout feu tout flamme dans les projets, il veut maîtriser la situation au moment de passer à l'action. Efficacité oblige!

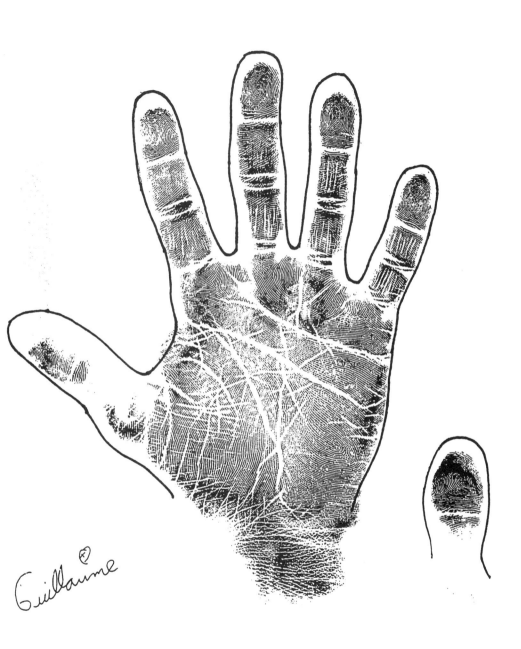

Guillaume

Claude Saucier

Claude Saucier a besoin de diriger et d'organiser, avec toute la rigueur et tout le perfectionnisme BILIEUX... et toute la bonne humeur SANGUINE.

Issu d'une famille rurale de dix enfants, il fait ses débuts à la radio. C'est l'émission *Le Grand Express* qui le fait connaître vraiment et lui vaut une consécration officielle (le BILIEUX est le tempérament qui apprécie le plus les honneurs): le grand prix du mérite des Transports des gouvernements du Québec et du Canada.

Cette notoriété lui ouvre les portes de la télévision, à Radio-Québec où il travaille depuis 1979. Au moment de notre rencontre, il animait avec beaucoup de maestria l'émission *Télé-service*, bien à l'aise dans son rôle de «meneur de jeu».

Quant à sa vie personnelle, elle revêt autant d'importance pour lui que sa profession. Se détendre en famille est pour Claude Saucier une activité essentielle. Par exemple, ses enfants ayant un talent particulier pour la musique, il a décidé d'apprendre le piano pour les accompagner. N'aimant pas compter sur les autres pour qu'ils lui donnent des leçons, il a appris tout seul avec toute l'obstination du BILIEUX, s'astreignant à une heure de pratique quotidienne.

Il considère aussi que l'homme doit participer autant que la femme aux activités familiales, qu'il s'agisse de l'éducation des enfants ou des soins domestiques.

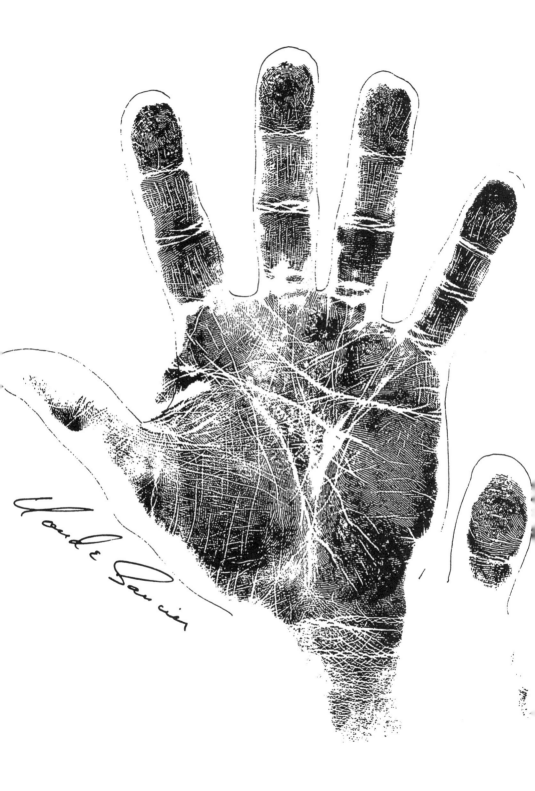

LA COMPLÉMENTARITÉ PROFESSIONNELLE

Dans la vie comme en affaires, choisir un partenaire est une chose que l'on ne doit pas faire à la légère. L'honnêteté, la droiture et la loyauté sont des conditions considérées généralement comme indispensables. Malheureusement, cela ne suffit pas et ne constitue pas un gage de succès à tout coup.

La complémentarité des partenaires apparaît comme un avantage considérable, sinon primordial, dans l'optique d'une collaboration harmonieuse et fructueuse. La connaissance des tempéraments semble alors un atout non négligeable dans les relations interpersonnelles et particulièrement dans la recherche d'un associé.

Ainsi le SANGUIN appréciera la prévoyance du NERVEUX, le perfectionnisme du BILIEUX et la régularité du LYMPHATIQUE et dans le talent de conseiller du NERVEUX. Le LYMPHATIQUE. Le BILIEUX trouvera un avantage dans la sociabilité du SANGUIN, dans la confiance du LYMPHATIQUE et dans le talent de conseiller du NERVEUX. Le LYMPHATIQUE, peu enclin à se lancer seul en affaires, pourra le faire en tandem parce que le BILIEUX le rassure par son paternalisme de meneur, parce que le SANGUIN le dynamise par sa passion et parce que le NERVEUX le complète par sa créativité. Quant au NERVEUX, même s'il est individualiste, il peut s'associer pour tirer profit du sens des affaires du SANGUIN, du sens de la gestion du BILIEUX et de la minutie du LYMPHATIQUE.

Serge et Réal

Serge Senécal et Réal Bastien travaillent ensemble depuis fort longtemps. En 1987, ils fêtaient le 25ᵉ anniversaire de leur prestigieuse maison de couture: Serge et Réal.

Débutant leur carrière au Théâtre du Rideau-Vert et au Théâtre du Nouveau-Monde, ils ont habillé pour la scène des acteurs et aussi des chanteuses telles que Pauline Julien, Renée Claude et Ginette Reno.

Aujourd'hui, dans leur boutique de Westmount, ils habillent Madame Jeanne Sauvé, Madame Mila Mulroney et bien d'autres grandes dames de Montréal et d'ailleurs. Leur succès, ils le doivent, bien sûr, à leur créativité et à leur travail, mais également à leurs personnalités complémentaires.

La sociabilité et l'enthousiasme communicatif SANGUINS de Serge Senécal mettent tout de suite à l'aise ceux qu'il rencontre. C'est d'ailleurs lui le «vendeur», tandis que Réal Bastien est plutôt l'«organisateur» (BILIEUX). C'est ainsi que, fort de sa formation première d'architecte, Réal est le maître d'œuvre de la conception et de l'organisation de leur boutique à Westmount. Plein d'énergie, Serge peut entreprendre plusieurs choses à la fois, alors que Réal, perfectionniste par souci d'invulnérabilité, préfère achever une tâche avant d'en commencer une autre.

Sur le plan intellectuel, ils se complètent également: Serge est porté à analyser, à s'intéresser aux détails (NERVEUX); Réal, par esprit de synthèse (BILIEUX), a plutôt une perception globale des problèmes.

C'est ce tempérament BILIEUX qui donne à Réal Bastien un comportement plus posé, une attitude plus introvertie. Il concrétise les idées et canalise la passion de son associé.

Le tempérament NERVEUX est cependant leur point commun, qui les rassemble et leur confère une créativité tendant vers le classicisme, le chic sans tape-à-l'œil. On ne sera pas étonné que ce même tempérament NERVEUX caractérise également la personnalité et la créativité de Coco Chanel, qui a toujours innové en conservant un style classique et, finalement, ne pouvant se démoder.

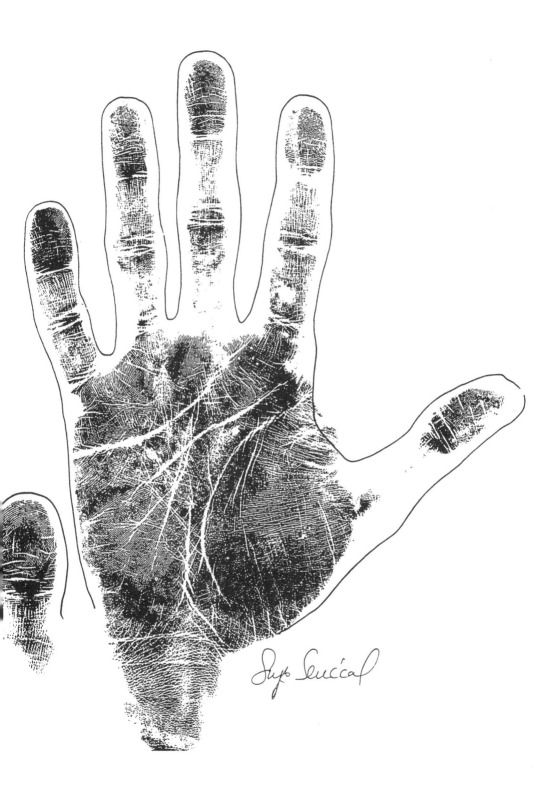

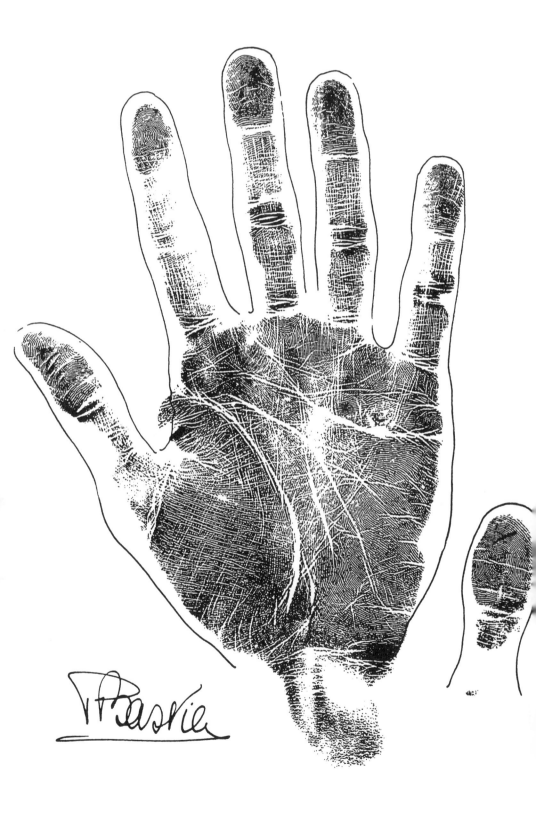

LA COMPLÉMENTARITÉ DANS LE COUPLE

L'unité du couple repose avant tout sur la «complicité d'âme», mais c'est la complémentarité des tempéraments qui la consolide.

En cela, la chirologie se révèle un outil appréciable pour la compréhension mutuelle dans le couple. Notre étude à ce sujet nous a permis de constater que les couples solides sont généralement constitués d'hommes et de femmes aux tempéraments différents et complémentaires.

Le couple Charles Dutoit et Marie-Josée Drouin en est un excellent exemple.

Charles Dutoit et Marie-Josée Drouin

Très cérébrale (NERVEUX-BILIEUX), Marie-Josée Drouin est une femme de tête. Sensible et passionné, Charles Dutoit est un homme de cœur (SANGUIN), qui a cependant besoin de réalisations concrètes (BILIEUX).

Leur complémentarité repose sur la dualité SANGUIN-NERVEUX: elle apprécie et admire chez lui le cœur, la passion, la sociabilité, le sens de la synthèse, le côté bon vivant et l'optimisme; lui apprécie et admire en elle la raison, la prudence, la réserve et le sens de l'analyse. Mais ils se rejoignent par leur tempérament commun: BILIEUX.

C'est ce tempérament BILIEUX qui leur donne conjointement le goût de la perfection, la nécessité d'être efficient, et le besoin de construire à long terme.

C'est également ce tempérament BILIEUX qui a donné à Charles Dutoit l'ambition de «mettre l'Orchestre symphonique de Montréal sur la carte du monde» et d'en rester le chef d'orchestre depuis onze ans. C'est son tempérament dominant SANGUIN qui le rend si sociable et si chaleureux, mais également créatif au point d'avoir osé organiser un concert de musique classique au Forum de Montréal pour le 50ᵉ anniversaire de l'O.S.M.

Le tempérament BILIEUX a aussi permis à Marie-Josée Drouin d'assumer la responsabilité importante de directrice générale pour le Canada de l'Institut Hudson. Cependant, elle ne peut se contenter d'administrer et de diriger; pour s'épanouir, elle doit également satisfaire la nécessité et la capacité de son tempérament dominant NERVEUX: la recherche et l'analyse. C'est pourquoi elle a publié de nombreux articles dans des publications comme *The Globe and Mail*, *The Wall Street Journal*, *The New York Times* et *Foreign Affairs*, portant sur la politique économique, le commerce international et le système monétaire. Elle publie encore une chronique régulière dans le journal *The Gazette*.

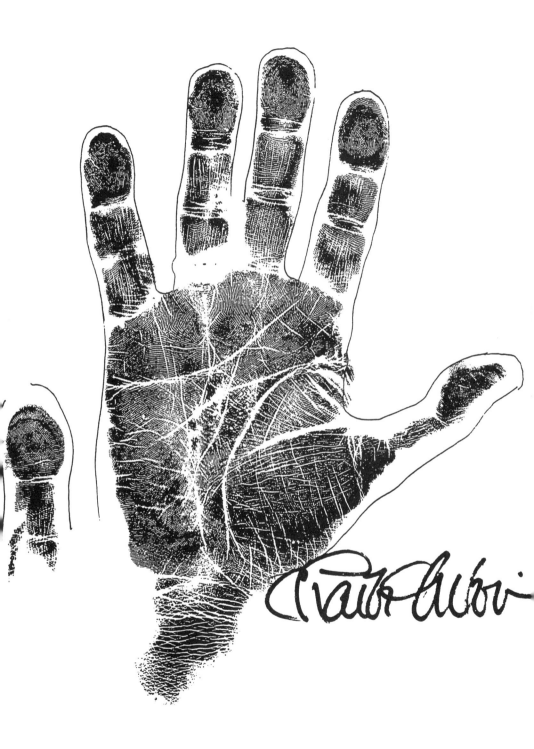

À titre d'économiste, Marie-Josée Drouin a dirigé et participé à de nombreuses études sur les tendances sociales, politiques et économiques au Canada. Elle est même coauteur du célèbre ouvrage *Le Canada a-t-il un avenir?*

Ce couple dont la réussite professionnelle est fulgurante doit évidemment toutes ses connaissances et sa culture à son travail et à ses efforts incessants. Le tempérament initial aide, mais il faut aussi avoir la volonté d'en tirer le meilleur parti! Il en va de même pour la réussite conjugale.

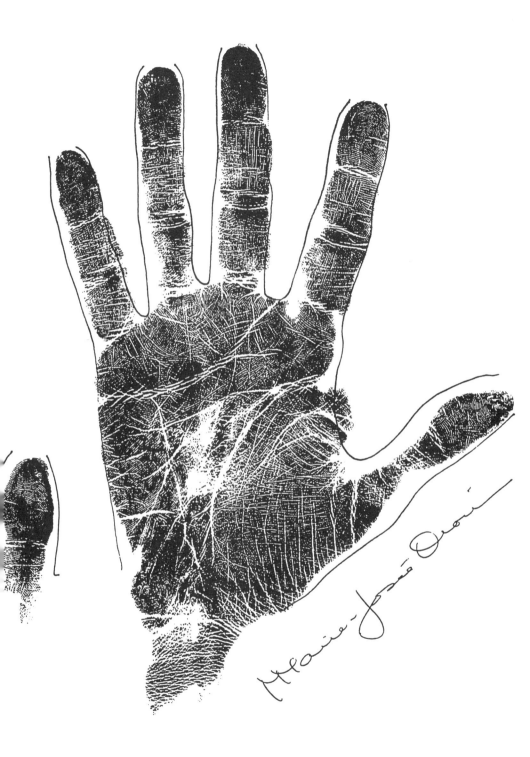

Pauline Julien et Gérald Godin

C'est l'histoire d'une NERVEUSE passionnée par les idées et qui a choisi de vivre de l'art... et c'est l'histoire d'un homme politique SANGUIN qui défend ses idées et qui aurait aimé vivre de l'art!

À 10 ans, Pauline Julien voulait devenir danseuse. À 17 ans, la réalité prosaïque de la vie lui fait gagner son pain par le secrétariat, à Trois-Rivières, sa ville natale. Voulant être en contact avec les milieux artistiques, elle déménage à Québec et prend des cours de danse, pour constater que là n'est pas sa carrière. Elle se tourne vers le théâtre, entre dans la Troupe du Masque... et épouse le comédien Jacques Galipeau, dont elle aura deux enfants.

Alors qu'enceinte et accompagnant son mari en tournée à Paris, elle remplace au pied levé une comédienne défaillante, dont le rôle consistait à chanter deux couplets dans la pièce de théâtre. Sa voix plaît... et oriente définitivement sa carrière vers la chanson.

Depuis lors, elle a reçu pour cela diverses distinctions honorifiques et a chanté sur les plus prestigieuses scènes de la francophonie.

Très dynamique, Pauline Julien est perpétuellement en mouvement, comme le sont, par manque d'énergie, les NERVEUX. Un petit côté SANGUIN-BILIEUX la rend passionnée dans les projets et déterminée dans les réalisations. Pas assez BILIEUSE pour se montrer autoritaire, elle l'est cependant suffisamment pour être directive et perfectionniste par recherche d'invulnérabilité. Femme de tête, elle a l'esprit curieux et fébrile (NERVEUX). D'ailleurs, lors de notre entrevue, elle voulait noter mes commentaires chirologiques pour ne pas en perdre une miette!

Elle épousa en secondes noces Gérald Godin, qui, lui, voulait être peintre mais fit de la politique.

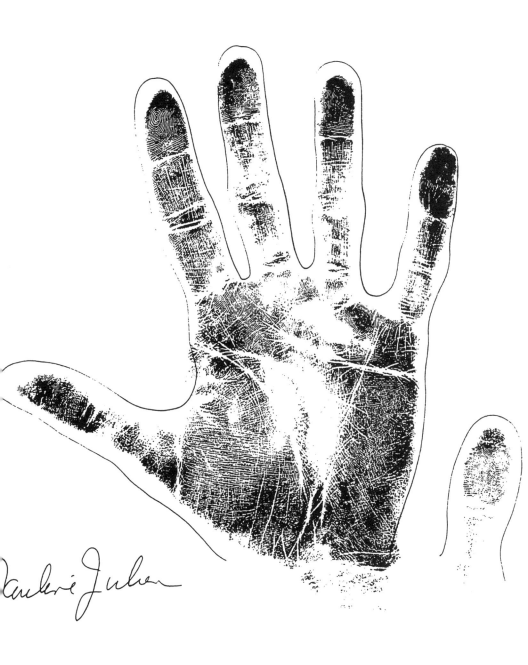

Gérald Godin a la sensibilité et l'idéalisme du SANGUIN sans en avoir le comportement extérieur typique: impulsivité, excitation, ambition. D'ailleurs, il avoue qu'il n'avait pas l'ambition d'être l'homme politique qu'il est devenu.

SANGUIN-NERVEUX, il est très tôt attiré par le combat des idées, tout en gardant son intérêt pour l'art. Il commence donc sa carrière comme journaliste d'enquête à l'époque du premier gouvernement Bourassa. «Écrire, c'est bien; agir, c'est mieux.» Considérant qu'il ne suffit pas de faire connaître les anomalies de la politique du gouvernement, Gérald Godin s'engage dans le combat politique, trouvant ainsi un rôle plus utile et plus efficace.

Il est élu député en 1976, et a assumé depuis des responsabilités ministérielles importantes (jusqu'au retour des libéraux), notamment dans le domaine de la culture.

Il est actuellement député de l'opposition. Malheureusement, une tumeur au cerveau lui a fait perdre l'usage de la main gauche et de la parole, mais une bonne rééducation et le soutien affectueux de sa femme et de ses amis lui ont permis de retrouver quasiment ses aptitudes, et ses responsabilités. Cette épreuve lui a fait prendre la décision de ne plus reporter à plus tard ses rêves... Il va donner plus d'importance à sa vie artistique, notamment à la poésie et à la peinture.

La poésie tient en effet une place toute particulière dans sa vie, puisque, interrogé par ailleurs sur la paternité, il déclare: «Mes poèmes ont remplacé les enfants que je n'ai pas eus.»

Il s'entend cependant très bien avec les deux enfants de sa femme. Il apprécie chez son épouse la vivacité d'esprit, la volonté et le sens critique.

De son côté, Pauline Julien n'hésite pas à dire qu'il est bien agréable de vivre avec un homme sensible, doux, mais également passionné et artiste.

La complémentarité d'un SANGUIN-NERVEUX et d'une NERVEUSE-BILIEUSE-SANGUINE, c'est l'histoire d'une femme de tête et d'un homme de cœur.

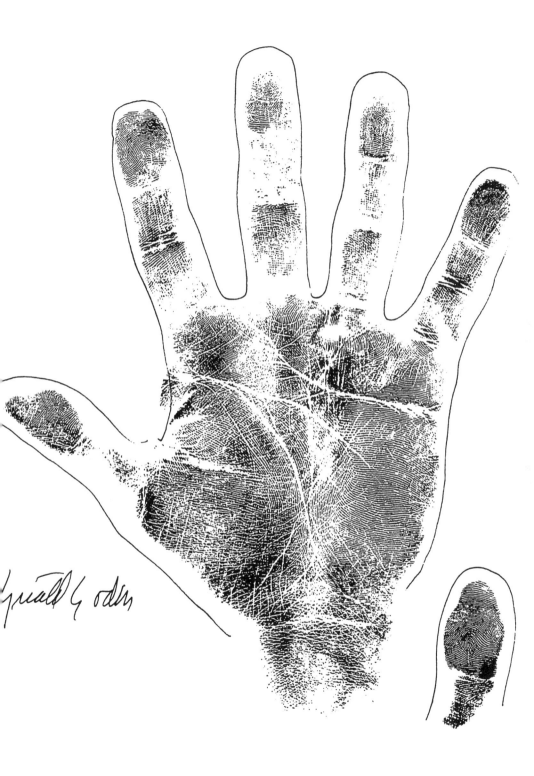

Mariette Lévesque et Pierre Brousseau

Mariette Lévesque et Pierre Brousseau possèdent le même goût pour la liberté, les idées et l'art. Cela vient de leur tempérament commun NERVEUX.

Ce besoin de liberté, Mariette Lévesque l'exprime par son choix du métier d'animatrice, fonction insécurisante mais qui lui permet de n'être prisonnière d'aucune structure et d'aucune responsabilité d'organisation. Son sourire, sa gentillesse et sa fragilité apparente ne doivent pas faire oublier que Mariette Lévesque est également BILIEUSE, ce qui en fait une femme de tête particulièrement volontaire, ordonnée et perfectionniste.

C'est ce même besoin de liberté NERVEUX-SANGUIN qui pousse Pierre Brousseau à refuser de troquer son indépendance contre des salaires fort alléchants: «Si l'on me propose un poste de direction à 150 000 $ par année, c'est que je suis capable d'en gagner autant par moi-même... et c'est ce que je fais!» dit-il avec l'air rieur de l'enfant qu'il est encore par sa faculté d'émerveillement.

Très créatif, il entreprend mille choses à la fois (NERVEUX), et, malgré sa réussite, il reste très accessible et serviable (NERVEUX-SANGUIN).

Pierre Brousseau est un homme déterminé... Avant même de rencontrer Mariette Lévesque, il avait décidé qu'elle serait sa femme. On sent tout de suite la complicité qui les unit. Sans doute s'entendent-ils d'autant mieux qu'ils ont à cœur de respecter leur liberté respective et qu'ils gardent tous deux une âme d'enfant.

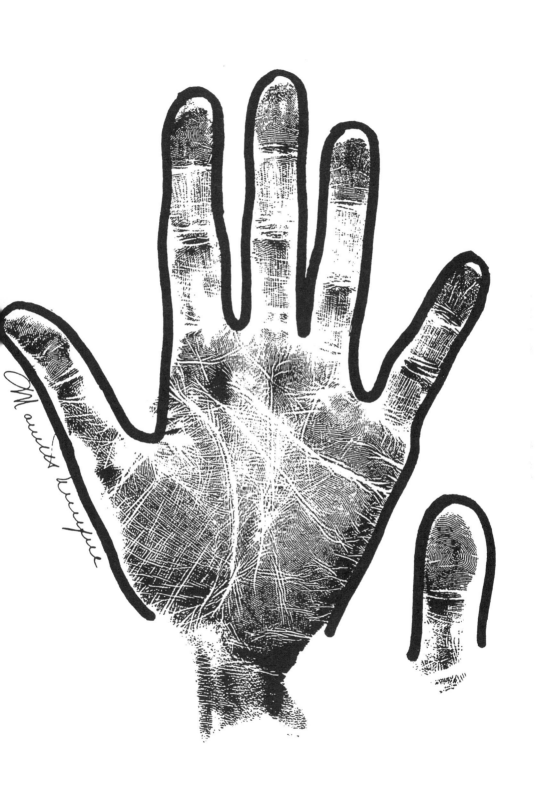

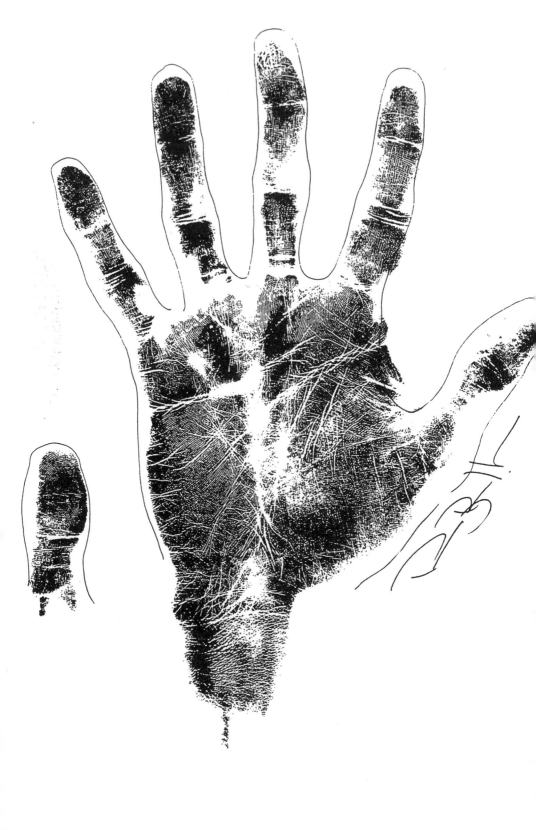

LES LIENS DU SANG:
L'HÉRÉDITÉ PSYCHOLOGIQUE

Sont regroupées dans ce chapitre des empreintes permettant d'illustrer la filiation héréditaire des caractéristiques de la main, et, par là même, du tempérament.

Pour les parents soucieux de comprendre leurs enfants, la chirologie s'avère un excellent moyen d'éducation personnalisée: la confrontation des empreintes des mains de toute une famille permet la compréhension des ressemblances et des dissemblances par lesquelles s'opèrent les rapprochements, se créent les liens et naît le respect de l'autre.

Jean Grimaldi

Après avoir fait une tentative dans les affaires, Jean Grimaldi exerça ses talents d'organisateur dans un domaine plaisant à son idéalisme NERVEUX: le spectacle. Ce Corse d'origine, obstiné et perfectionniste, a su mener une belle carrière de comédien et d'homme de spectacle, tout en favorisant celle des autres en tant que directeur du Théâtre-National et maître de tournée. Citons, par exemple, Olivier Guimond, Claude Blanchard, Paul Berval.

Sa vivacité d'esprit ne l'a pas quitté alors qu'il a atteint un âge où bien d'autres sont plus moroses... Lui, il reste toujours prêt à rire.

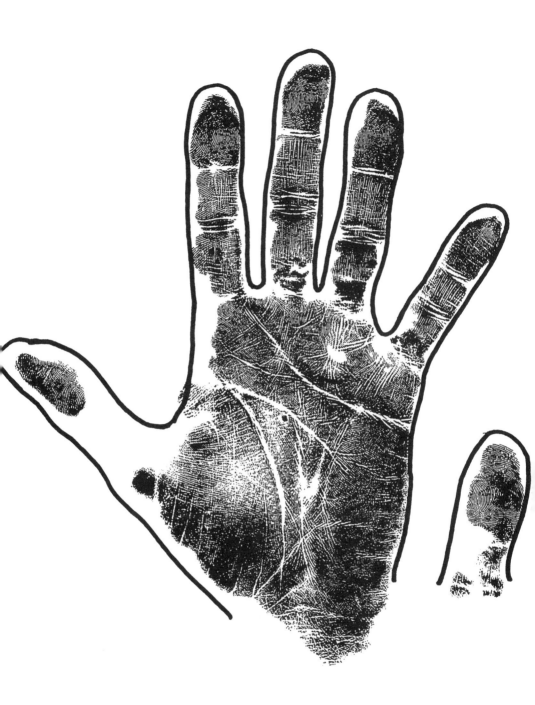

Francine Grimaldi

Issue du milieu du spectacle, Francine Grimaldi devait naturellement faire honneur au monde dans lequel a baigné sa famille durant tant d'années. Sa carrière de comédienne, qu'elle commença à 3 ans, l'amena à jouer de nombreux rôles, jusqu'à l'âge de 27 ans. L'ambiance des tournées, les voyages et l'imprévu ne pouvaient que satisfaire son tempérament dominant SANGUIN.

Mais sa carrière prit ensuite une autre tournure, d'une part parce qu'elle ne se sentait plus animée par la passion du théâtre et d'autre part parce qu'une proposition lui permit alors de devenir recherchiste, tâche qu'elle accomplit avec toute la minutie du NERVEUX. Puis elle fit ses premières armes au micro de *CBF Bonjour*, y tenant une chronique sur l'activité artistique, toujours aussi écoutée aujourd'hui.

C'est donc avec une énergie et une mobilité toutes SANGUINES qu'elle pérégrine toute la journée: visionnement de films le matin, expositions l'après-midi, puis lancements, cocktails et spectacles le soir.

Ses commentaires révèlent dans un même élan la passion SANGUINE qu'elle tient de sa mère et le sens critique NERVEUX qui lui vient de son père.

À cela s'ajoute un peu de BILIEUX provenant de l'hérédité paternelle et qui la pousse à être autonome. Mais pas au point, toutefois, de créer une entreprise! Elle préfère la liberté que lui confère son rôle de «chroniqueuse», sans les soucis de l'organisation.

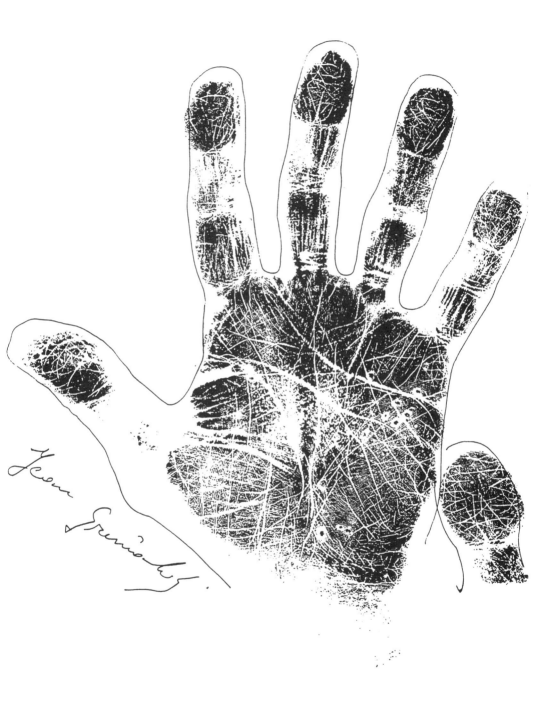

Edward Rémy

Ce Français d'origine aime les défis. Durant la Deuxième Guerre mondiale, il a été correspondant au Japon. Il a combattu en Europe pour la libération de la France, dans la division du général Leclerc.

Ayant débarqué au Québec en 1953, il débuta comme journaliste, puis fut le cofondateur (BILIEUX oblige!) du journal *Échos-Vedettes*. Plus tard, l'occasion se présenta à lui de faire une bonne opération financière. Il vendit alors ses parts (ce que regrette et déplore aujourd'hui son fils Érick, qui aurait bien aimé prendre la succession).

Depuis lors, il se comporte en SANGUIN, n'ayant plus du BILIEUX que la stabilité dans une profession particulièrement instable et insécurisante: chroniqueur artistique depuis vingt-cinq ans à la télévision, et depuis vingt ans à la radio.

En 1983, ressentant le besoin de laisser autre chose que de l'éphémère sur son passage, il signe avec Marie-Odile Vézina une sorte d'encyclopédie des vedettes, *Têtes d'affiche*.

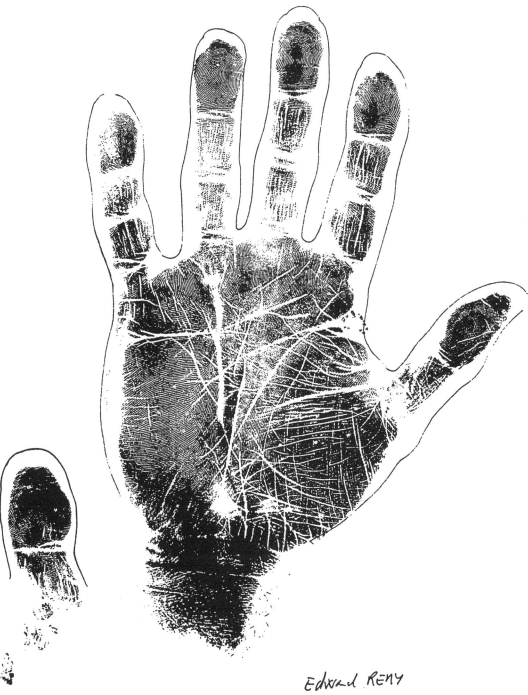

Edward REMY

Érick Rémy

Érick Rémy est aussi SANGUIN que son père est BI-LIEUX. Ambitieux, il ne ménage ni son énergie (inépuisable, certes...) ni son temps pour réussir dans ce métier où la persévérance doit seconder la chance: recherchiste le jour à Télé-Métropole et animateur la nuit à CJMS. Quand prend-il le temps de dormir? «Entre-temps», répond-il avec sa mine enjouée, mais le teint pâle et les yeux cernés. Il tient le coup mais avoue que les choses seraient plus faciles si son père avait gardé *Échos-Vedettes*. Cette page de l'histoire familiale étant irrévocablement tournée, il persévère à apprendre les rouages d'un métier dans lequel il est bien décidé à réussir. Son but avoué à long terme: concevoir et réaliser lui-même des émissions.

Père et fils, nous avons donc affaire à deux fonceurs! Cependant, chacun l'est à sa manière, le premier avec la détermination du BILIEUX, le second avec la passion du SANGUIN.

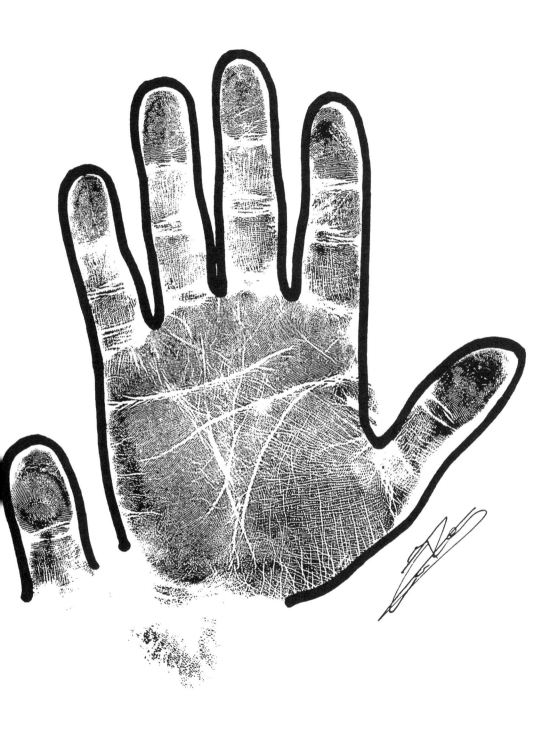

Denise Filiatrault

Denise Filiatrault a commencé sa carrière comme secrétaire au ministère du Revenu. On imagine mal cette BILIEUSE autonome et ambitieuse supporter longtemps les contraintes d'une hiérarchie qui ne lui laissait aucune initiative.

Mais l'impérieux besoin de ne rien devoir à personne lui permit quand même de tenir deux ans, jusqu'à ses 18 ans. C'est grâce à son mariage avec Jacques Lorain qu'elle put quitter définitivement le toit familial. De cette union naquirent deux filles, Sophie et Danièle.

Elle n'en garda pas moins l'ambition de réussir dans le domaine qui l'intéressait vraiment: le théâtre. Comédienne, fantaisiste, danseuse, chanteuse, la nécessité d'être le maître d'œuvre de son propre succès, et de celui des autres, la poussa à être également auteur et metteur en scène. C'est ce qu'elle fit pour certains de ses spectacles et pour quelques émissions *Bye Bye* des années 70 à Radio-Canada.

En 1988, elle a signé la mise en scène du spectacle de sa fille Danièle Lorain, qui a bien apprécié le travail de sa mère. Sous des dehors assez intransigeants se cache une femme sensible et émotive.

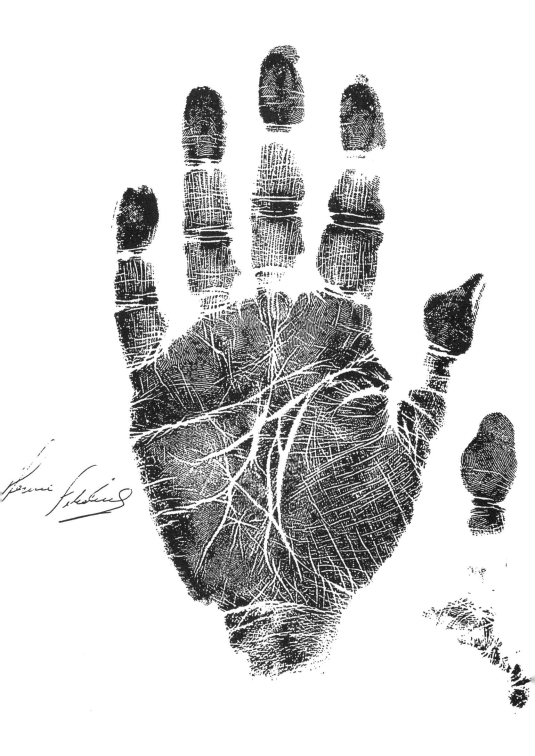

Danièle Lorain

Danièle Lorain a commencé sa carrière sur les traces de ses parents: «J'ai fait du théâtre dans les années 70 pour faire comme mes parents, parce que c'est tout ce que je connaissais de la vie.» Puis elle a fait du cinéma, se retrouvant parfois dans les mêmes films que sa mère: *Il était une fois dans l'Est*, *La Mort d'un bûcheron*.

Cette carrière qui débutait bien pouvait satisfaire son côté SANGUIN de plaire au public, mais le besoin NERVEUX de se cultiver la poussa finalement à un «retour aux études», selon sa propre expression.

De 1976 à 1982, elle étudia des sujets aussi variés que le droit civil, le dessin, la peinture, la communication, l'espagnol, le portugais et les sciences politiques (maîtrise).

Entre-temps, pour gagner sa vie et payer ses études, elle devint recherchiste, puis animatrice, et enfin journaliste. Cette instabilité apparente n'est que l'expression de son intérêt pour des sujets divers (NERVEUX) et de son besoin de liberté (SANGUIN).

Mais les plaisirs de la scène lui manquaient, et son côté SANGUIN la ramena à son idée première: faire une carrière de chanteuse.

Cependant, même si elle est auteur-compositeur-interprète, et même si ses premiers spectacles sont prometteurs, elle n'a pas la force BILIEUSE de sa mère pour construire comme elle une carrière de manière autonome. Aussi, c'est avec philosophie et humilité qu'elle déclare: «Je prie tous les jours pour qu'une équipe s'intéresse à moi!»

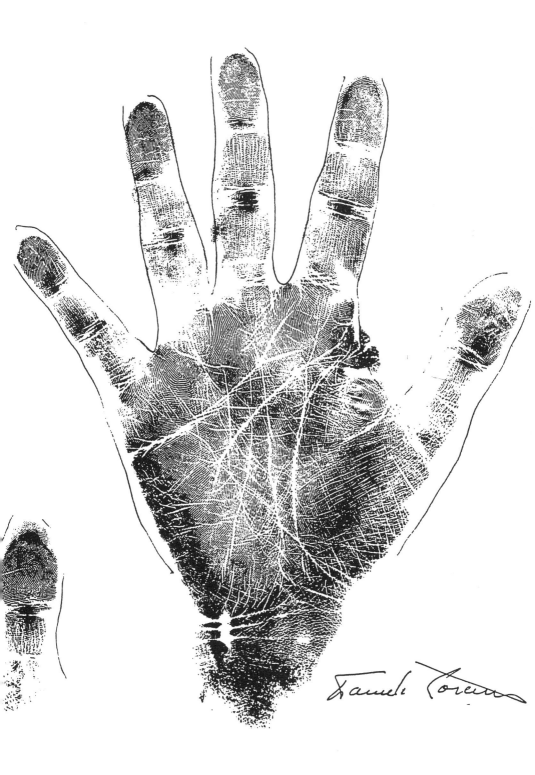

Denise Bissonnette

L'intérêt naturel des NERVEUX pour les arts a fait évoluer Denise Bissonnette dans les milieux artistiques, mettant à contribution l'aptitude de ce tempérament pour les relations publiques.

Après une carrière comme indépendante (individualisme NERVEUX), elle a accepté des responsabilités BILIEUSES tout en restant dans le domaine de l'art: directrice des relations publiques du Musée des Beaux-Arts de Montréal.

Ayant en commun avec ses deux filles, Anik et Sophie, ce même tempérament NERVEUX, Denise Bissonnette est à même de bien comprendre ce qu'elles peuvent vivre et ressentir.

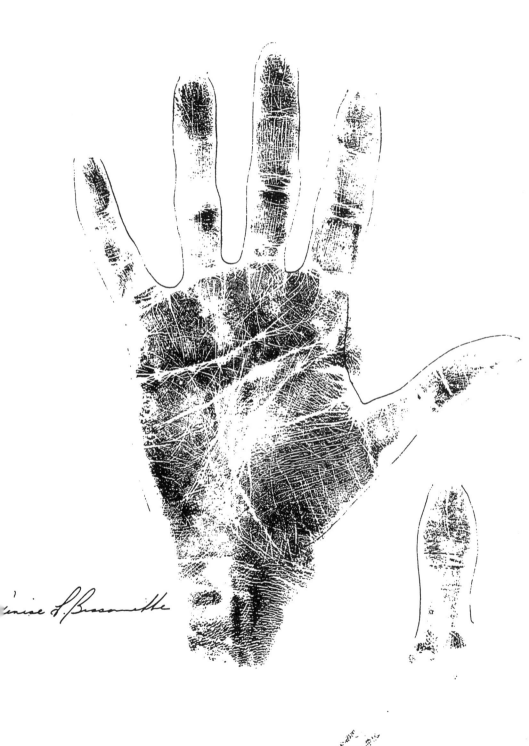

Anik et Sophie Bissonnette
(danseuses de ballet)

Le monde de la danse semble incompatible avec l'embonpoint. Il va de soi que ce genre de carrière exige une certaine agilité et une certaine souplesse.

Mais un régime strict et des exercices quotidiens n'expliquent pas tout. L'hérédité y est pour beaucoup... et ce sont les NERVEUX qui ont la plus grande propension à la minceur. Ils sont, de plus, peu portés aux excès de table, ce qui aide beaucoup.

Les NERVEUX sont aussi très souvent doués d'un sens esthétique remarquable. Anik et Sophie sont largement favorisées par la nature sur ce plan-là, et de manière identique puisqu'elles sont de vraies jumelles (homozygotes).

Anik entre la première dans la Compagnie de Ballet Eddy Toussaint de Montréal, et sa carrière est dirigée dès le début par Eddy Toussaint lui-même, qui, constatant sa parfaite maîtrise de la technique et son lyrisme interprétatif, crée rapidement pour elle des rôles sur mesure.

Quelques années plus tard, Sophie joint la troupe et se hisse, avec travail et acharnement, au même niveau que sa sœur. Loin d'être des rivales, elles ne peuvent se passer l'une de l'autre, et ce d'autant plus qu'elles vivent le même bonheur: danser avec l'homme de sa vie, et réussir ensemble.

Elles habitaient d'ailleurs le même appartement jusqu'à ce qu'Anik devienne l'épouse de Louis Robitaille. Mais Sophie, peu après, trouva le bonheur avec son partenaire de danse, Denis Dulude.

Anik et Sophie, par leur tempérament dominant NERVEUX, sont donc naturellement très artistes, mais, pour exprimer leur talent, elles doivent être sécurisées tant sur le plan affectif que professionnel. De plus, l'admiration est une motivation importante pour leur créativité, qui demande à la fois exigeance et respect.

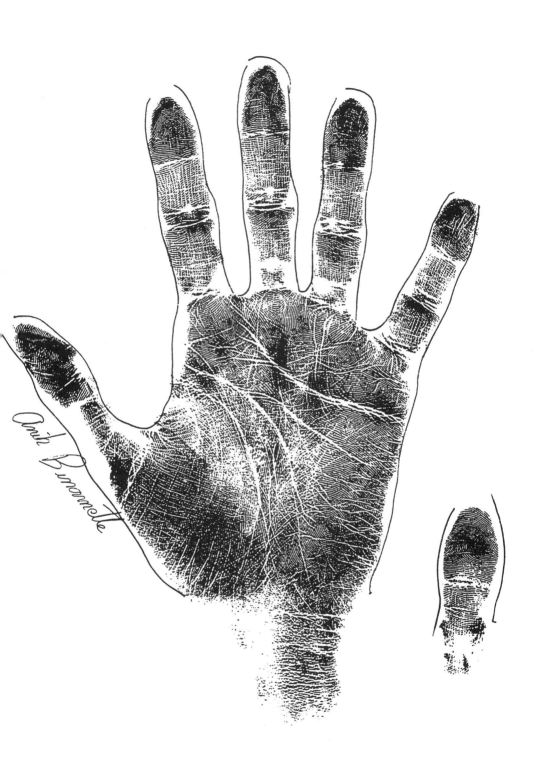

Sur le plan de l'hérédité, on constate aisément qu'Anik et Sophie tiennent principalement de leur mère, qui a le même tempérament dominant qu'elles. Leur père, tout au contraire, est un BILIEUX-SANGUIN dont le tempérament lui a permis de faire carrière comme metteur en scène et réalisateur. Il s'agit de Jean Bissonnette, dont le nom est associé à bien des spectacles de qualité et à des réalisations d'envergure à Radio-Canada.

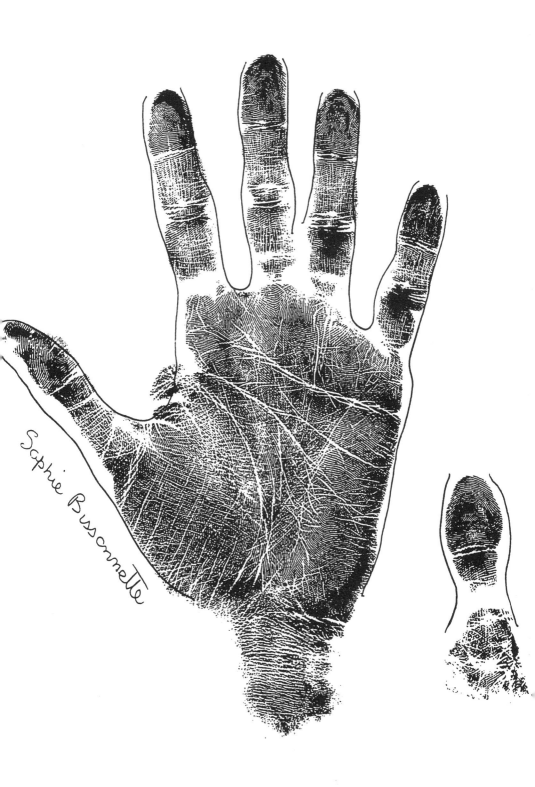

Sophie Bissonnette

CONCLUSION

Le lecteur aura pu constater que l'emphase a été mise plutôt sur les qualités que sur les défauts.

La raison en est simple: dans beaucoup de cas, le défaut que nous déplorons chez quelqu'un peut apparaître comme une qualité aux yeux d'une autre personne. Ainsi, par exemple, l'autorité du BILIEUX sera appréciée comme une qualité (paternalisme rassurant) par le LYMPHATIQUE et pourra être perçue comme un défaut (autoritarisme rigide) par le SANGUIN et le NERVEUX. C'est d'abord une question de point de vue.

Aussi l'analyse chirologique s'attache-t-elle à prendre en compte nos aptitudes et à les considérer sans jugement de valeur.

Connaître nos limites, mais aussi et surtout notre potentiel et nos qualités propres, permet dans bien des occasions de faire des choix plus respectueux de notre personnalité, et, par conséquent, plus favorables à notre épanouissement. La chirologie aide non seulement à cette connaissance mais aussi à mieux comprendre le comportement des autres. Véritable outil de tolérance, elle nous permet de ne plus vouloir changer les autres selon notre propre vision des choses et de nous émerveiller plutôt devant l'extraordinaire complémentarité entre les individus.

Les critères de réussite de la société peuvent finir par nous faire croire qu'il n'y a qu'une manière de «réussir». En réalité, il ne s'agit pas, pour s'épanouir, de «réussir dans la vie», mais, avant tout, de «réussir sa vie».

Ainsi, chaque tempérament possède son idéal de bonheur et d'épanouissement qui lui est propre, et il s'agit de bien le connaître afin de ne pas prendre comme modèle un schéma type qui ne nous convient pas. Le bonheur du BILIEUX n'est pas celui du LYMPHATIQUE, et vice versa.

À vous, lecteur, je souhaite donc de découvrir toute la richesse de votre tempérament et l'idéal d'épanouissement qui en découle. Qu'ainsi, tout au long de votre vie, votre tempérament soit votre allié, et que les autres puissent bénéficier des talents uniques que vous pouvez développer harmonieusement.

Achevé   Imprimerie
d'imprimer Gagné Ltée
au Canada Louiseville